Gartenparadiese für Kinder

Gartenparadiese für Kinder

Clare Matthews
Fotos: Clive Nichols

KOSMOS

Aus dem Englischen übersetzt von Dr. Wolfgang Hensel
Titel der Originalausgabe: Great Gardens for Kids
erschienen bei Hamlyn
a division of Octopus Publishing Group Limited,
2-4 Heron Quays, London E14 4JP unter ISBN 0-600-60516-7
© Octopus Publishing Group Limited 2002
Photographs © Clive Nichols

Umschlaggestaltung von Atelier Reichert, Stuttgart, unter
Verwendung von 9 Fotos von Clive Nichols

Die deutsche Bibliothek – CIP-Einheitsaufnahme
Ein Titelsatz für diese Publikation ist bei
Der Deutschen Bibliothek erhältlich

Executive Editor: Emily Van Eesteren
Executive Art Editor: Tokiko Morishima
Production Controller: Louise Hall
Editor and Designer: Joanna Smith
All projects created and styled by Clare Matthews

Gedruckt auf chlorfrei gebleichtem Papier

1. Auflage
© 2002 Franckh-Kosmos Verlags-GmbH &   Co., Stuttgart
Für die deutschsprachige Ausgabe:
Alle Rechte vorbehalten
ISBN 3-440-09333-6
Redaktion: Angelika Throll-Keller, Annegret Kuhn,
Carolin Krank
Produktion: Ralf Paucke, Heiderose Stetter
Satz: TypoDesign, Radebeul
Druck: Toppan, China
Printed in China/Imprimé en Chine

Informationen senden wir Ihnen gerne zu

Bücher · Kalender · Spiele · Experimentierkästen · CDs · Videos ·
Natur · Garten & Zimmerpflanzen · Heimtiere · Pferde & Reiten · Astronomie ·
Angeln & Jagd · Eisenbahn & Nutzfahrzeuge · Kinder & Jugend

KOSMOS Postfach 10 60 11
D-70049 Stuttgart
TELEFON +49 (0)711-2191-0
FAX +49 (0)711-2191-422
WEB www.kosmos.de
E-MAIL info@kosmos.de

Inhalt

Einführung

Auch der kleinste Garten kann zu einem faszinierenden und anregenden Spielplatz für Kinder werden – wenn man ihn mit Fantasie und Einfallsreichtum gestaltet. Leider werden die Bedürfnisse der Kinder im Garten meist nur wenig berücksichtigt. Allenfalls stellt man nachträglich und halbherzig ein paar unattraktive Spielgeräte hinein, auf die man eigentlich lieber verzichten würde.

Dieses Buch geht auf neuartige, kreative Art auf die kindlichen Bedürfnisse ein. Es zeigt, wie man einen Familiengarten unkonventionell und ansprechend umgestalten kann oder wie man separate Gartenräume für Spiel, Spaß und Fantasie schafft.

Verschiedene Projekte und anregende Fallstudien zeigen praktikable und preiswerte Möglichkeiten auf, wie sich der Garten in ein Kinderparadies verwandeln lässt – in eine Landschaft, die zu fantasievollen Spielen und sportlicher Betätigung einlädt, die alle Sinne anspricht und das Interesse für Natur und Pflanzen weckt: ein sicherer Ort, wo Kinder nach Belieben forschen, lernen und Entspannung finden können.

▲▸ *Kletterwand (siehe S. 20)*
▲▸▸ *Miniteich für Gartentiere (siehe S. 78)*

▾▸ *Faltbares Spielhaus (siehe S. 28)*
▾▸▸ *Wasserrinne (siehe S. 50)*

Hier werden Spielmöglichkeiten vorgestellt, wie Kinder sie wirklich lieben. Farbe und Ausstattung spielen stets eine wichtige Rolle – sie sollen die Kinder ansprechen, ohne „kindisch" zu wirken. Ob traditionell oder modern, von üppiger Farbigkeit oder rustikal – die Vorschläge lassen sich an jeden Gartenstil anpassen und werden sich harmonisch einfügen.

In einem Garten, der speziell für sie gestaltet wurde, werden Kinder nicht nur stundenlang begeistert spielen. Da man auf ihre Bedürfnisse eingegangen ist, fühlen sie sich auch anerkannt und sind stolz auf „ihren" Garten – um so mehr, je stärker sie ihre eigenen Ideen in die Gestaltung einbringen und selbst Hand anlegen dürfen. Jedes der vorgestellten Projekte kann sofort und ohne spezielle Vorkenntnisse in Angriff genommen werden. Alles, was Sie und Ihre Kinder brauchen, sind Begeisterung und Kreativität.

▸ *Berücksichtigen Sie alle fünf Sinne, wenn Sie einen Garten anlegen. Der Tastsinn ist besonders anregend: Wählen Sie Pflanzen mit vielfältigen Oberflächen – glatt, weich, runzlig, rau, samtig oder fleischig.*

▲ Palast für Haustiere
(siehe S. 74)
▶ Erdbeerturm
(siehe S. 66)
◀ Segelboot-Sand-
kasten (siehe S. 12)
▼ Narzissenlabyrinth
(siehe S. 22)

Aktive Spiele

Spielen im Freien, das heißt: klettern und schaukeln, springen und rennen oder einfach herumtoben. Wenn Sie mit Fantasie und Ideenreichtum an die Aufgabe herangehen, dann können Sie ungewöhnliche und anregende Spielmöglichkeiten schaffen, die Ihren Kindern Gelegenheit bieten, ihre körperlichen Fähigkeiten spielerisch auszuloten und ihr Selbstvertrauen zu steigern. Auf einem wohl durchdachten Spielplatz lernt ein Kind wie nirgendwo sonst seine Stärken erkennen. Wichtig ist, dass die Kinder dabei gefordert werden, sie müssen Triumphe und Fortschritte erleben dürfen. Achten Sie jedoch unbedingt auf die Sicherheit. Auch das stabilste Spielgerät muss regelmäßig auf Beschädigungen und Materialermüdung überprüft werden.

Wenn Sie einen Spielbereich anlegen, bedenken Sie Alter und Größe der Kinder, die dort spielen werden, und planen Sie veränderliche Spielelemente ein, mit deren Hilfe sich neue Herausforderungen schaffen lassen, zum Beispiel eine Kletterwand (siehe S. 20). Alle Projekte in diesem Kapitel sehen nicht nur ansprechend aus, sondern werden auch nach stundenlangem Spiel nicht langweilig.

Segelboot-Sandkasten

Es gibt viele gute Gründe, Kleinkindern einen Sandkasten im Garten einzurichten. Selbst in der kleinsten Sandkiste können sie viele Stunden lang Spaß haben. Mit Sand lässt sich kreativ und konstruktiv spielen, er ist hervorragend geeignet, die feinmotorischen Fähigkeiten des Kindes zu verbessern. Zudem bietet Sand wunderbare Möglichkeiten für fantasievolle Spiele. Versorgen Sie Ihr Kind mit Schäufelchen, Löffel, Formen und Eimerchen. Da dieser Sandkasten die Form eines Segelbootes hat, regt er den Einfallsreichtum der Kinder für neue Spiele an.

Material
großer Autoreifen
Farbe (mittelblau, Spraydose)
Badeschwamm
Acrylfarbe (kräftiges Blau)
Holzstab (13 mm Durchmesser)
starke Krampe
Drachenstoff (türkis und blau)
Folie gegen Unkrautwuchs
Spielsand

Materialauswahl

Nehmen sie einen sauberen, unbeschädigten Autoreifen. Das Schöne am Drachenstoff ist, dass er nicht gesäumt werden muss – schneiden Sie ihn einfach in Form.

1 Reinigen Sie den Reifen und lassen Sie ihn trocknen. Sprühen Sie ihn blau an. Dann tupfen Sie mit dem zu einer Welle geschnittenen Schwamm ein kontrastierendes Muster aus Acrylfarbe auf.

2 Bohren Sie mit einem 13-mm-Holzbohrer ein Mastloch in den Reifen und stecken Sie den Stab hinein. Sichern Sie den Mast über eine Krampe, die durch die untere Wand des Reifens in den Stab geschlagen wird.

3 Schneiden Sie aus dem Drachenstoff ein dreieckiges Segel, passend zum Mast. Geben Sie genügend Stoff an der Längsseite zu; er wird umgeschlagen und der Mast durchgesteckt. Befestigen Sie oben eine blaue Flagge.

4 Legen Sie eine Folie unter den Reifen, um das Unkraut zu unterdrücken, und füllen Sie den Sand ein. Decken Sie den Sand ab, wenn niemand darin spielt, damit er nicht durch Tiere verschmutzt wird.

Kletterspinne

Auf diesem stabilen Spinnennetz macht das Klettern wirklich Spaß. Es besteht aus natürlich wirkendem Material und wird durch einfache Knoten zusammengehalten – leicht zu bewältigen für jeden, der nur in der Lage ist, einen Knoten ins Taschentuch zu machen. Man kann in dem Netz nicht nur prima klettern und schwingen, sondern es bietet sich auch für fantasievolle Spiele an. Es passt überall hin und kann auch als attraktiver Raumteiler verwendet werden. Obwohl das Seil sehr natürlich aussieht, ist es aus Kunstfasern hergestellt, die besonders widerstandsfähig gegen Verwitterung sind, anders als Naturseile, die nach einigen Jahren zerfallen. Prüfen Sie das Gerät dennoch regelmäßig.

Material
2 Holzpfosten, 4 m lang
Fertigbeton
30 m dreiadriges Seil aus
    Kunstfaser
Klebeband

1 *Graben Sie im Abstand von 2 m je ein Loch von 1 m Tiefe und stellen Sie die Pfosten hinein. Richten Sie sie senkrecht aus und gießen Sie Beton in die Löcher. Wenn der Beton ausgehärtet ist, bohren Sie in jeden der Pfosten zwei Löcher (10 cm Abstand) oben und zwei ca. 30 cm über der Erde; ein weiteres Loch wird in die Pfostenmitte gebohrt (gegenüberliegende Bohrlöcher müssen in der gleichen Höhe sein).*

2 *Fädeln Sie das Seil durch das untere der beiden oberen Löcher, dann diagonal durch das obere der bodennahen Löcher im zweiten Pfosten. Führen Sie es durch das Loch darunter und weiter zum unteren Loch des ersten Pfostens; dann durch das Loch direkt darüber und wieder schräg nach oben zum unteren Loch des zweiten Pfostens. Das Seil straff ziehen und durch einfache Knoten sichern (siehe S. 16.).*

3 *Ziehen Sie nun ein Seil durch die beiden obersten und ein weiteres durch die beiden mittleren Löcher und sichern Sie alles durch Knoten. Die Seile sollten so stramm wie möglich sein. Legen Sie ein senkrechtes Seil über die Mitte des Netzes.*

4 *Es wird in der Mitte des obersten, waagerechten Seils mit einem Paket-Knoten (siehe S. 16) befestigt und mit einem einfachen Knoten gesichert. Binden Sie es im Mittelpunkt mit einem einfachen Knoten an die Seilkreuzung und mit Paket- und einfachem Knoten an das unterste Seil.*

5 Ausgehend von der Mitte (Paket- und einfacher Knoten) wird das restliche Seil spiralig im Seilgitter herumgeführt. Befestigen Sie es bei jeder Seilkreuzung mit einem Paket-Knoten. Das Seil sollte straff sein, ohne das Netz zu verzerren. Nach einem letzten Paket- und einfacher Knoten ist das Spinnennetz fertig.

So bindet man einen einfachen Knoten

Beim einfachen Knoten legt man das Seilende zu einer Schlinge, führt das Seil durch und zieht es fest.

So bindet man einen Paket-Knoten

1 Beim Paket-Knoten wird das Seilende durch ein anderes Seil gefädelt. Umwickeln Sie dafür das freie Seilende mit Klebeband.

2 Schieben Sie das Seilende an der gewünschten Stelle durch das andere Seil.

3 Legen Sie das freie Seil in einer Schlinge vor, dann hinter das durchbrochene Seil und zurück durch die erste Schlaufe.

4 Ziehen Sie den Knoten fest und fahren Sie mit dem losen Ende fort. Verbinden Sie die Seile an allen Kreuzungspunkten.

Diese stabile Konstruktion wurde durch Querbalken und Leiter für noch mehr Kletterspaß ergänzt.

Kieselsteinmosaik

Alle Kinder bewegen sich lieber hüpfend und springend von A nach B. Diese Mosaiken aus Kieselsteinen bieten Gelegenheit für viele Hüpfspiele. Man kann sie im Gras, in einem Kiesweg oder einem Innenhof platzieren oder auch als Trittsteine für einen viel begangenen Weg verwenden. Die Mosaiken sind sehr dauerhaft und lassen sich einfach herstellen. Mit derselben Technik können Sie auch dekorative Steinmuster oder Initialen herstellen.

Material
4 Holzleisten (2,5 × 2,5 cm),
   30 cm lang
Nägel
schwarze und weiße Kieselsteine
Plastikfolie
Zement

1 Nageln Sie die vier Holzleisten zu einem quadratischen Rahmen zusammen. Die Größe des Quadrats richtet sich nach der gewünschten Plattengröße.

Verzieren der Platten

Für ein Himmel-und-Hölle-Spiel werden die Platten nummeriert. Sie können sich aber auch für ein anderes Motiv entscheiden – Buchstaben oder einfache Muster.

2 Beginnen Sie innerhalb des Rahmens mit den schwarzen Kieseln für die Zahl und den Rand. Füllen Sie dann mit weißen Kieseln auf. Jedes einfache Motiv ist geeignet. Heben Sie den Rahmen dann vorsichtig ab.

3 Legen Sie den Rahmen auf eine Plastikfolie und füllen Sie ihn fast vollständig mit Zement. Dann übertragen Sie die Kiesel aus dem Entwurf in den Zement (gut eindrücken). Der Rahmen muss über Nacht liegen bleiben; das vollständige Aushärten dauert eine Woche.

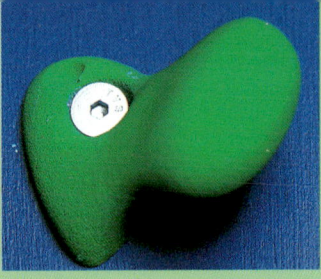
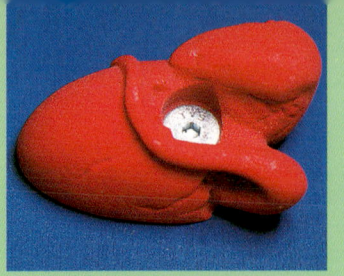
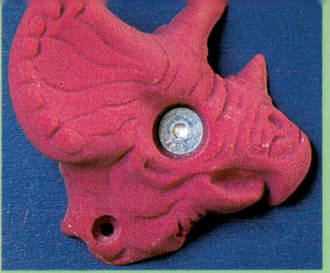

Auch diese farbenfrohe Kletterwand, der ultimative Kick für Ihre Kinder, lässt sich problemlos errichten. Sie besteht aus zwei an senkrechten Stützpfosten befestigten Sperrholzplatten mit aufgeschraubten Klettergriffen. Die Herausforderung besteht darin, an der Wand entlangzulaufen, ohne den Boden zu berühren – es geht weniger darum, in gefährliche Höhen zu steigen. Dennoch ist diese Kletterei durchaus anspruchsvoll, denn das Kind muss seine Arme und Beine weit ausstrecken und mit Fingern und Fußspitzen Halt finden. Gruppiert man die Klettergriffe um, entsteht ein neuer, anspruchsvollerer Parcours. Diese Wand ist für Kinder im Vorschulalter gedacht, sie kann aber auch den Wünschen größerer Kinder angepasst werden.

Kletterwand

Material

2 Sperrholzplatten, 18 mm stark,
   außentauglich
PVA-Vorstrichfarbe
Holzschutzfarbe
3 Holzpfosten (7,5 × 7,5 cm),
   2 m lang
9 große Holzschrauben
Klettergriffe mit
   Schraubenmuttern und
   Inbusmaschinenschrauben,
   5 cm lang
Fertigbeton

1 Streichen Sie die Sperrholzplatten mit PVA-Farbe (1:1 mit Wasser mischen). Markieren Sie die Positionen für die Klettergriffe und bohren Sie dort jeweils ein Loch (10 mm Durchmesser). Bohren Sie mehr Löcher als benötigt, damit Sie die Griffe umsetzen können. Der Abstand zwischen den Griffen sollte die Kinder fordern, aber nicht entmutigen.

2 Streichen Sie die Platten mit Holzschutzfarbe. Die Farbe sollte zum Garten passen. Unsere Wand ist sehr farbenfroh, Grün- oder Brauntöne fügen sich unauffälliger in den Garten ein.

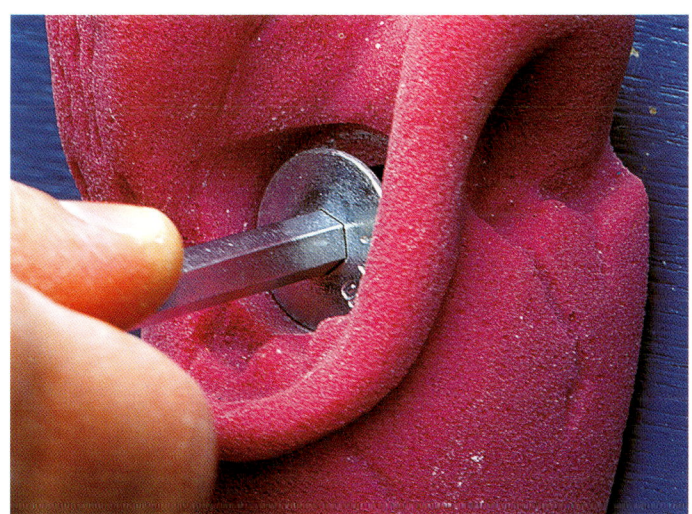

3 Schieben Sie die Maschinenschraube durch den Haltegriff und das Loch in der Holzwand und ziehen Sie die Mutter fest. Nehmen Sie sich Zeit, einen anspruchsvollen Kletterkurs zusammenzustellen. Die Griffe dürfen ruhig verschiedene Formen und Farben haben.

4 Schrauben Sie die Platten auf die drei Pfosten auf (3 Schrauben je Pfosten). Graben Sie drei 75 cm tiefe Löcher, setzen Sie die Pfosten hinein und füllen Sie den Fertigbeton ein. Stützen Sie die Wand in der Senkrechten ab, bis der Beton hart ist. Jetzt kann die „Felswand" erklettert werden.

Narzissenlabyrinth

Dieses prachtvolle Gebilde aus duftenden 'Yellow Cheerfulness'-Narzissen ist ein Labyrinth aus Blüten. Zwei ineinander verwobene Blumenspiralen säumen den Weg durch das Labyrinth – zuerst spiralig in die Mitte, dann spiralig wieder heraus. Dieses „Beet" sieht nicht nur faszinierend aus, man kann darin auch wunderschön spielen. Allein und konzentriert Schritt für Schritt durch das Labyrinth zu schreiten ist eine Sache, eine muntere Verfolgungsjagd mit Freunden eine ganz andere. Man kann sich nie sicher sein, ob der Verfolger auf demselben Weg ist wie man selbst. Sobald die Narzissen austreiben und die Wege sichtbar werden, zieht das Labyrinth Kinder magisch an. Die Blumen halten sich für rund sechs Wochen. Die Arbeit beginnt im Herbst.

Material

2 lange Seile
Narzissenzwiebeln (pro Meter
    etwa 150 Stück)
feiner Kies (je nach Standort)

1 Legen Sie das Muster mit zwei Seilen aus, die sie so lange verschieben können, bis die Form perfekt ist.

2 Schütten Sie die Zwiebeln im Labyrinth aus, um sicherzustellen, dass Sie genügend eingekauft haben.

3 Nun werden die Zwiebeln exakt an den Seilen entlang ausgelegt. Zur Mitte des Labyrinths hin werden die Spirallinien immer schmaler.

4 Heben Sie nun Grassoden aus, wobei die Tiefe dem doppelten Zwiebeldurchmesser entsprechen sollte. Verteilen Sie die Zwiebeln darin und setzen Sie die Grassoden wieder ein. Bei schweren, feuchten Böden kommt unter die Zwiebeln eine Lage Kies.

Arbeiten mit dem Zwiebelpflanzer

Für kleinere Pflanzungen kann man auch einen Zwiebelpflanzer verwenden. Man bohrt ein Loch, die Zwiebel kommt mit dem spitzen Ende nach oben hinein und die Erde wird wieder eingefüllt.

▼ *Sobald die Pflanzen so weit ausgetrieben sind, dass sie nicht niedergetreten werden, darf das Spiel im Labyrinth beginnen.*

◄ ► Mit ihrer üppigen Blüten-
pracht ist die Narzisse 'Yellow
Cheerfulness' hervorragend
geeignet; hinzu kommt, dass dieser robuste Spätblüher verwil-
dert. Man braucht zwar enorm
viele Zwiebeln, sie treiben jedoch
Jahr für Jahr wieder aus. So wird
das Labyrinth zu einem regel-
mäßigen Willkommensgruß für
die wärmere Jahreszeit. In kleine-
rem Maßstab kann der Grundriss
vereinfacht werden; auch ein
einfacher gewundener Pfad aus
Blumen regt zum Spielen an.

◄ Nach der Blüte muss das
Labyrinth noch sechs Wochen
stehen bleiben, bevor man es
abmäht. In dieser Zeit lagern die
Zwiebeln Reservestoffe für den
nächsten Austrieb ein.

Ein eigenes Reich

Kinder aller Altersstufen genießen es, einen Raum zu besitzen, der ganz allein ihnen gehört. Spielhäuser, Höhlen oder Verstecke sind daher wichtige Elemente im Garten für Kinder. Kleinere Kinder fühlen sich an einem sicheren, vertrauten Platz wohl, wo sie sich fantasievollen Spielen hingeben. Dabei verwandelt sich ihr Spielhaus unabhängig von Größe, Form und Stil in eine Bühne, auf der sie Raumschiff oder Zoo spielen können. Mit zunehmendem Alter wird die Höhle wichtig als Rückzugsort für das Kind und seine Freunde. Hier können sie lesen, Spiele erfinden oder sich entspannen.

Beim Bau eines Spielhauses oder Versteckes gilt es mehrere Punkte zu bedenken: Zunächst der Standort – wird er gut gewählt, kann ein Kinderhaus durchaus positiv zur Gesamtwirkung des Gartens beitragen. Entscheiden Sie sich für eine Form, die gut mit dem Stil des Gartens harmoniert, und planen Sie den Standort sorgfältig. Was in einen ländlichen Garten passt, wird in der Stadt weniger gut wirken. Bedenken Sie zweitens das Alter der Kinder, die das Haus nutzen werden – ein Kleinkind braucht einen anderen Unterschlupf als ein Siebenjähriger.

Faltbares Spielhaus ▸ *Blühendes Versteck* ▸ *Hängendes Zelt* ▸ *Ranken-Wigwam*

Faltbares Spielhaus

Dieses faltbare Spielhaus ist die ideale Lösung für kleine Gärten. Das fröhliche kleine Versteck, das an einer stabilen Wand oder Mauer befestigt wird, kann in wenigen Sekunden aufgestellt werden. Zudem lockert es den Garten auf. Dass es kein Dach hat, stört kleinere Kinder nicht, sie haben auch so Spaß an dem intimen abgeschlossenen Raum. Das Spielhaus bietet Platz für zwei bis drei Kleinkinder. Je nach Anstrich ändert es seinen Charakter: In Braun wird es zum Blockhaus, in Grau mit einigen Zinnen zur Burg – lassen Sie Ihrer Fantasie freien Lauf! Obwohl das Spielhaus wetterfest ist, sollte es im Winter geschützt untergestellt werden.

Material

4 außentaugliche Sperrholzplatten,
   8 mm stark, 50 × 110 cm
1 außentaugliche Sperrholzplatte,
   8 mm stark, 120 × 110 cm, mit Giebel
PVA-Vorstrichfarbe
Acrylfarben
5 cm breite Klettverschlüsse
starker Leim
Tacker
8 Holzblöckchen
Krampen
5 Metallhaken mit Ösen

1 Sägen Sie die Sperrholzplatten zurecht und streichen Sie sie mit PVA-Farbe (1:1 mit Wasser mischen) an; trocknen lassen. Dann mit dem Acryllack streichen und trocknen lassen. Legen Sie die Platten flach auf den Boden, als wäre das Haus aufgeklappt.

2 Befestigen Sie mit einem Tacker und starkem Leim die Klettverschlüsse (Quadrate) an nebeneinander liegenden Platten. Verbinden Sie die Platten mit einem langen Klettverschlussstreifen zum fertigen Haus.

3 Stellen Sie das Haus auf. Leimen und tackern Sie jeweils ein Holzblöckchen dort auf die vordere Platte, wo sie eine Ecke mit der Frontplatte bildet, und ein korrespondierendes Blöckchen auf die Frontplatte. Schrauben Sie Haken und Ösen in die Blöckchen ein. Zwei weitere Blöckchen werden an den hinteren Platten befestigt, wo sie an eine Mauer stoßen, die übrigen in entsprechender Höhe auf der Mauer. Die Haken werden in die Mauerblöckchen, die Ösen ins Haus geschraubt.

4 Wollen Sie das Haus zusammenfalten, lösen Sie die Klettverschlüsse und die vorderen Sicherheitshaken. Klappen Sie die Seitenplatten hinter die Front. Mit einem Haken an der Frontplatte können Sie das Haus an der Mauer sichern.

Blühendes Versteck

Kinder lieben selbst kleinste Verstecke. Diese Laube aus Blumen braucht nur wenig Platz und sieht so ansprechend aus, dass man sie auch in einer Hofecke oder auf dem Balkon einrichten kann, sie ist aber ebenso ein hübscher Blickfang im Staudenbeet. Der unerwartete Höhlenraum zwischen den Blumen macht dieses Geheimversteck besonders interessant. Die schnell wachsenden Triebe der Waldrebe decken das Gerüst bald zu; schon nach ein paar Wochen kann sich Ihr Kind hier zurückziehen. Wenn Sie die Sorten geschickt auswählen, wird die Laube den ganzen Sommer über von Blüten bedeckt sein, und ein duftendes Kleid aus Petunien fließt über die Töpfe.

Material

5 große Blumentöpfe
blaue Fassadenfarbe
Aluminiumfolie
Zeitungen
Tonscherben
Blumenerde
5 Waldreben *(Clematis)*
Petunien
5 Eisenstäbe
Metallfarbe, silbern
verzinkter Draht

1 *Nehmen Sie fünf große Töpfe; hier wurden preiswerte Terrakottatöpfe mit blauer Farbe angestrichen. Sobald die Farbe trocken ist, kleiden Sie die Töpfe mit Aluminiumfolie aus.*

2 *Geben Sie eine Lage Zeitungen hinein, sie speichern die Feuchtigkeit und halten die Wurzeln kühl. Auf den Boden des Topfes kommen einige Tonscherben.*

3 *Pflanzen Sie die Clematis 5 cm tiefer ein als in dem Container, in dem sie gekauft wurden; sie treiben dann neu aus, wenn sie von der Clematiswelke befallen werden sollten.*

4 *Setzen Sie die Petunien an den Topfrand. Stellen Sie die Töpfe im Kreis auf und bauen Sie aus den fünf Stäben ein Indianerzelt. Umwickeln Sie das Zelt mit dem Draht, vergessen Sie aber nicht die Türöffnung.*

Auswahl der Pflanzen

Wählen Sie Pflanzen aus, die zum Stil Ihres Gartens passen. Hier sind es: Clematis 'Comtesse de Bouchaud' und 'Multi Blue' mit Petunia 'Pastel'.

31

Hängendes Zelt

Dieses farbenfrohe Zelt, das an Bäumen oder Sträuchern aufgehängt wird, ist ein geräumiges Versteck. Es wird aus Drachenstoff hergestellt, der nicht nur leicht und dauerhaft, sondern auch einfach zu verarbeiten ist, da die Schnittkanten nicht ausfransen. Die Sandsäcke an den Ecken sind eine sichere Alternative zu Heringen, die natürlich auch verwendet werden können. Das bunte, fröhliche Zelt eignet sich hervorragend als mobiles Sommerhaus. Man kann es in einen kleinen Beutel packen und in den Urlaub oder auf einen Ausflug mitnehmen.

Material
blauer und purpurfarbener
   Drachenstoff
Garn
Metallösen und Werkzeug
   zur Befestigung
Sand
Karabinerhaken

1 Schneiden Sie vier gleich große Dreiecke (Basislänge 160 cm, Höhe 170 cm) aus dem Drachenstoff aus. Nähen Sie die Dreiecke in abwechselnder Farbe mit einfacher Naht zusammen.

2 In jede Zeltecke und an die Spitze kommt je eine Öse. Benutzen Sie eine Nietenzange oder ein speziell dafür vorgesehenes Werkzeug.

3 Nähen Sie die Sandsäcke, etwa 20 × 30 cm, aus Drachenstoff zusammen. Die Säcke werden auf rechts gedreht, mit Sand gefüllt und zugenäht. Öse anbringen, mit Karabinerhaken am Zelt befestigen.

4 Schneiden Sie als Eingang einen 50 cm langen Schlitz in eine Zeltseite. Führen Sie einen Karabinerhaken durch die Öse an der Zeltspitze und hängen Sie das Zelt an einem kräftigen Baum oder Strauch auf.

Befestigungen

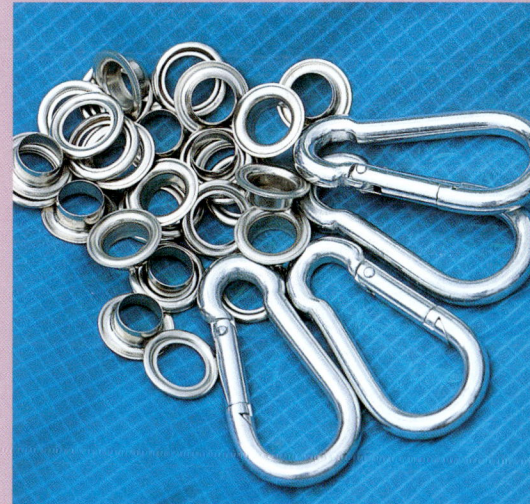

Die verzinkten Karabinerhaken und die Ösen findet man im Baumarkt oder in Seglergeschäften. Zu den Ösen gibt es ein einfaches Befestigungswerkzeug.

Ranken-Wigwam

Umschlossen von einem raschelnden Vorhang aus großen, schön gezeichneten Blättern, ist der einfach gebaute Ranken-Wigwam ein besonders gemütliches Versteck. Er fügt sich wunderbar in jeden von Blattpflanzen oder Gehölzen dominierten Garten ein und kann sich sogar zwischen Sträuchern verstecken. Im Herbst verfärbt er sich in malerischen Blattfarben. Hier wurde eine Weinart ausgewählt, die besonders gut im Halbschatten gedeiht, man kann aber auch jede andere Kletterpflanze nehmen, die zum gewünschten Standort passt.

Material
etwa 18 kräftige Bohnenstangen,
    3 m lang
Gartenschnur aus Kunststoff
5 *Vitis-cognetiae*-Pflanzen

1 *Der Wigwam wird aus kräftigen Bohnenstangen gebaut. Stecken Sie fünf Stangen in einem Kreis von ca. 2 m Durchmesser in den Boden. Binden Sie die Stangen oben mit Gartenschnur zusammen.*

2 *Fügen Sie weitere Stangen hinzu – denken Sie an den Eingang. Alle Stangen werden oben mit kräftiger Schnur verbunden; naturfarbenes Material wirkt am besten.*

3 *Sägen Sie drei kürzere Stangen zurecht, um die Eingangsfront im oberen Bereich zu verschließen. Setzen Sie die fünf Weinpflanzen in gleichmäßigem Abstand um den Wigwam ein.*

4 *Pflanzen Sie den Wein nahe einer Stange und auf sie zu geneigt ein. Fünf Pflanzen werden das Indianerzelt rasch bedecken, weniger brauchen etwas länger. Pflanzen gut wässern, Ranken anbinden.*

Gartenmöbel

Wie die Erwachsenen brauchen auch Kinder einen Tisch und Sitzgelegenheiten im Garten. Dort können sie essen, malen, basteln, spielen oder sich mit Freunden unterhalten. Bei der Auswahl der Möbel kommt es maßgeblich auf die Größe der Kinder an. Möbel für Erwachsene sind für kleinere Kinder völlig ungeeignet. Sie müssen auf die Sitzfläche klettern und sitzen dort mit hängenden Beinen, während sie sich zur Tischplatte strecken müssen.

Achten Sie bei Kindermöbeln unbedingt auf robuste, dauerhafte Verarbeitung und auf die Sicherheit. Kindermöbel sind nicht nur dem Wetter, sondern auch der rauen Behandlung durch ihre kleinen Benutzer ausgesetzt. Denken Sie nicht nur an ein Kind, sondern planen Sie die Freunde mit ein.

Der Sitzplatz sollte etwas abseits vom Spielplatz angelegt werden, denn wenn zwei so unterschiedliche Aktivitätszonen sich überschneiden, kann es zu Konflikten und sogar zu Unfällen kommen. Denken Sie wie üblich daran, die Möbel in den Garten einzupassen. Dekorative Möbel sorgen für Farbkleckse, während natürliche Materialien dezenter wirken. Geschickt platzierte, attraktive Möbel können einen hübschen Blickfang bilden und die Kinder in diesen Gartenbereich locken. Die Gartenmöbel, die im Folgenden vorgestellt werden, sind in ihrer einfachen und ansprechenden Art besonders attraktiv für Kinder.

„Mein Platz"-Mosaiktisch ▸ *Grashocker* ▸ *Wachsende Bank*

„Mein Platz"-Mosaiktisch

Tisch und Stühle gehören in jeden Garten für Kinder. Hier bekommt ein Tisch, der seine besten Jahre hinter sich hat, ein neues Kleid aus bunten Glas-Mosaiksteinen und Bastelperlen. Vor einem Hintergrund aus bunt gemusterten Steinen zeichnen sich die runden „Platzdeckchen" ab, die jedes Kind selbst gestalten darf. Auf diese Weise nimmt es nach seinen Möglichkeiten am Familienprojekt teil. Mosaiken sind sehr dauerhafte und zeitlose Oberflächen. Sie können jeden Tisch verwenden, sofern seine Größe kindgerecht ist. Manchmal lässt sich sogar ein größeres Möbelstück auf Kinderformat stutzen. Die Holzteile des Tisches werden zum Abschluss mit einem passenden Holzlack gestrichen.

Material

außentaugliches Sperrholz, 2,5 cm stark
PVA-Vorstrichfarbe
Schrauben
Fliesenkleber, außen-
    tauglich
Mosaiksteinchen auf
    Trägerpapier
Bastelperlen
Fugenfüllmasse, außen-
    tauglich

1 Schneiden Sie das Sperrholz in der Größe der Tischplatte zu und streichen Sie es mit PVA-Farbe (1:1 mit Wasser verdünnt); trocknen lassen. Schrauben Sie die Platte auf den Tisch. Zeichnen Sie die Positionen für die „Platzdeckchen" ein (großen Teller benutzen). Legen Sie den Mittelpunkt des Tisches fest und zeichnen Sie eine mittige Hilfslinie ein.

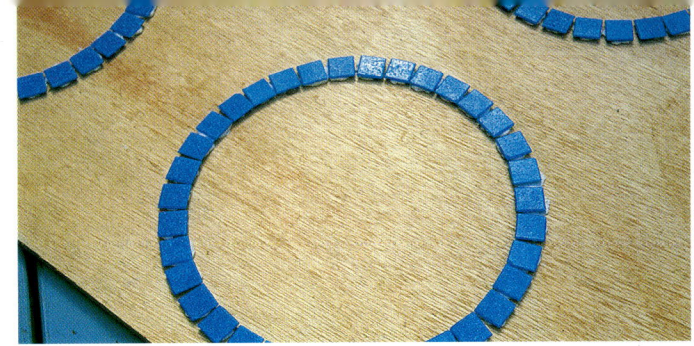

2 Streichen Sie den Rücken der Mosaiksteinchen mit Kleber ein und drücken Sie die Steinchen um die eingezeichnete Kreislinie fest. Achten Sie auf gleichförmige Abstände zwischen den Steinchen.

3 Beginnen Sie an der mittigen Hilfslinie und kleben Sie die Mosaiksteinchen fest. Schneiden Sie dazu das Trägerpapier blockweise passend zurecht und drücken Sie die Steine in die aufgestrichene Klebemasse. Entfernen Sie einzelne Steinchen aus dem Verband und setzen Sie stattdessen andersfarbige ein.

4 Um die runden „Platzdeckchen" müssen die Mosaiksteinchen zugeschnitten werden. Zeichnen Sie die Bruchlinie ein und benutzen Sie eine Fliesenbrechzange. Das ist keine Arbeit für Kinder! Tragen Sie Handschuhe und eine Schutzbrille. Nach mindestens vier Stunden Trockenzeit können Sie das Trägerpapier entfernen (anfeuchten und abziehen).

5 Jedes Kind entwirft sein eigenes „Platzdeckchen" auf einem Stück Papier. Übertragen Sie das Muster, indem Sie entweder die Steinchen mit Kleber einstreichen oder sie in ein Bett aus Kleber drücken.

6 Nach dem Trocknen wird die Fugenmasse zwischen die Steinchen eingearbeitet. Überschüssiges Material mit feuchtem Lappen abwischen, nach dem Trocknen alle Reste mit einer kräftigen Bürste entfernen.

Diese grasbewachsenen Blumentöpfe sind wunderbare, außergewöhnliche Kindersitzplätze im Garten. Statt in Sonnengelb können sie in jeder Farbe angestrichen werden, die zur Umgebung passt, oder die Kinder übernehmen diese Aufgabe selbst. Eine interessante Alternative zum Rasen wären kriechende Kamille oder Thymian – sie duften, wenn man sich auf sie setzt. Beide Pflanzen brauchen einen sonnigen Platz und müssen regelmäßig kurz geschnitten werden. Wenn ausreichend schwer, sind diese Hocker sehr stabil, eignen sich aber nicht zum Klettern für kleine Kinder.

Grashocker

Material
breite Terrakottatöpfe
Fassaden- oder Acrylfarbe
Rasen
Ziegelsteine
Blumenerde

1 Streichen Sie die Töpfe mit Fassaden- oder Acrylfarbe an; trocknen lassen. Wählen Sie eine Farbe, die zum Garten passt.

2 Nach dem Trocknen wird der umgekehrte Topf auf den Rasen gestellt und mit einem scharfen Messer ein Rasenkreis ausgeschnitten.

3 Bestücken Sie die Töpfe mit Ziegelsteinen. Vier Stück pro Topf sind schwer genug und sorgen für Stabilität.

4 Füllen Sie Blumenerde bis 5 cm unter den Topfrand ein. Drücken Sie die Blumenerde fest und glätten Sie die Oberfläche.

5 Legen Sie den Graskreis auf die Blumenerde und drücken Sie ihn fest; gut wässern. Leicht aufgewölbt sieht das Graskissen besonders hübsch aus. Halten Sie das Gras feucht und gut geschnitten.

Wachsende Bank

Die hohe Rückenlehne dieser Bank bildet ein Gitter, an dem Kletterpflanzen emporranken und einen lebenden Schirm bilden. Wenn die Bank im Abstand von 60 bis 90 Zentimetern vor einem Zaun oder einer Hecke steht, ergibt sich ein „geheimer Gang", den die Kinder beim Spielen nutzen können. Viele Kletterpflanzen sind geeignet; entscheiden Sie sich für eine Art, die an dem Standort optimale Bedingungen vorfindet. Waldreben bilden hübsche Blütenvorhänge, Hopfen Jahr für Jahr eine üppig grüne Blätterwand. An schattigen Standorten sorgt × *Fatshedera lizei* (Bild rechts unten) für ein tropisches Feeling.

Material
großes Brett
2 Holzklötze
2 m lange Bambusstäbe
Gartenschnur
Kletterpflanzen wie
  × *Fatshedera lizei*

1 Ein großes Brett, das auf zwei Holzklötze gelegt wird, bildet die Sitzfläche. Denken Sie daran, die Bank in der richtigen Höhe für Kinder anzulegen.

2 Bohren Sie in den hinteren Teil des Brettes mehrere Löcher (13 mm Durchmesser). Lassen Sie zwischen den Löchern einen Abstand von 10 cm.

3 Stellen Sie die beiden Holzklötze an den vorgesehenen Platz und legen Sie die Sitzfläche darüber; die Bank muss waagerecht sein. Stecken Sie die Bambusstäbe durch die Löcher hindurch fest in die Erde. Sie geben der Bank Stabilität. Man kann das Brett auch fest mit den Holzklötzen verschrauben.

4 Befestigen Sie drei waagerechte Bambusstäbe mit Schnur an den Stäben. Vermeiden Sie hervorstehende Enden, die zu Verletzungen führen könnten. Setzen Sie die Kletterpflanzen in die Erde hinter der Bank. Bis zum Anwachsen gut wässern; Ranken an den Bambusstäben entlangführen.

Wasser

Kinder sind von Wasser fasziniert. Spiele mit reichlich spritzendem Wasser sind vor allem an heißen Sommertagen ohne Konkurrenz. Es gibt aber auch andere, ruhigere Spiele mit Wasser, die genauso viel Spaß machen. Bei solchen Spielen machen Kinder ganz unbewusst wichtige Erfahrungen: Sie lernen, was sinkt und was schwimmt, was Volumen und Verdrängung sind und wie Wellen sich bewegen. Wenn Sie solche Erfahrungen mit kreativen Ideen unterstützen, macht das den Garten für Ihre Kinder umso interessanter.

Wasserspiele ohne offene Wasserflächen sind für spielende Kinder zwar besonders sicher, sie werden allerdings nur selten gezielt für Spielzwecke entworfen. Kindern gefällt das Plätschergeräusch und das Gefühl, wenn Wasser über die Hände fließt, aber richtige Spiele sind das nicht.

Alle Wasserobjekte auf den folgenden Seiten sind speziell zum Spielen gemacht. Bei allen Wasserspielen muss jedoch die Sicherheit im Vordergrund stehen. Berücksichtigen Sie Alter und Fähigkeiten der Kinder im Garten und sorgen Sie immer für entsprechende Beaufsichtigung (siehe S. 156).

Wasserschlange ▸ *Wandbrunnen mit Strandstimmung* ▸ *Wasserrinne* ▸ *Blubbernder Springbrunnen*

Wasserschlange

Der perfekte Spielkamerad für heiße Tage ist diese gelbgrüne Schlange, die sich um einen robusten Bambusstab windet. Aus ihrem offenen Maul plätschert erfrischendes Wasser für wilde Wasserspiele. Da der Schlauch an einem Bambusrohr befestigt ist, das einfach in den Boden gesteckt wird, kann er leicht an andere Stellen im Garten versetzt werden (so weit der Schlauch reicht). Obwohl der Aufbau kaum Arbeit macht, ist die Schlange unter Garantie ein voller Erfolg, wenn sie unentwegt Wasserduschen über eine kreischende Kinderschar niedergehen lässt.

Material

4 m langer Schlauch, 5 cm Innen-
   durchmesser
kurzes Schlauchstück, 3,75 cm Innen-
   durchmesser
kurzes Schlauchstück, 2,5 cm Innen-
   durchmesser
Schlauchverbindungen
normaler Gartenschlauch
Silikon oder wasserdichtes Klebeband
Emailfarbe
Kunststoffstopfen
dickes Bambusrohr
kräftige Schnur

1 In den dicken Schlauch (5 cm) stecken Sie das 3,75-cm-Schlauchstück, dort hinein das 2,5-cm-Stück und stellen dann mit Schlauchverbindern den Kontakt zum normalen Gartenschlauch her. Verbindungen ggf. mit Silikon oder Klebeband abdichten.

2 Zeichnen Sie mit schnell trocknender Emailfarbe ein Zickzackmuster längs auf die Schlange. Der Schlauch im Bild hat erfreulicherweise bereits eine schuppenartige Oberfläche.

3 Schneiden Sie mit einem scharfen Messer ein Schlangenmaul ins Schlauchende. Durchbohren Sie den Stopfen mehrfach und stecken Sie ihn ins „Maul". Mit Silikon abdichten.

Einstellen des Wasserdrucks

4 Sägen Sie das Ende des Bambusrohres spitz zu und drücken Sie es in den Rasen. Wickeln Sie den Schlauch um den Stab und befestigen Sie ihn mit starker Schnur. Sobald das Silikon trocken ist, wird die Schlange angeschlossen.

Nehmen Sie sich Zeit, den Wasserfluss zu regulieren. Der Druck darf den Stopfen nicht aus dem Schlangenmaul herausdrücken.

Wandbrunnen mit Strandstimmung

Mit dem Plätschern und Blitzen von spritzendem Wasser weckt der farbenfrohe Wandbrunnen Erinnerungen an sonnige Tage am Meer. Kinder sind fasziniert von dem Wasser, das aus dem obersten Topf stufenweise abwärts fließt und durch eine Pumpe wieder nach oben transportiert wird. Wassergeräusche wirken beruhigend und überdecken Lärm, der von außen hereindringt. Die Kaskade wird aus bemalten Terrakottatöpfen hergestellt, Muscheln und ein Seestern aus Keramik sorgen für die richtige Strandstimmung. Lassen Sie die Pumpe (und Sicherung) von einem Elektriker anschließen.

Material

außentaugliches Sperrholz,
    18 mm stark
PVA-Vorstrichfarbe
3 kleine Wandtöpfe aus Terrakotta
1 großer Wandtopf aus Terrakotta
gelbe Keramikfliesen
Fliesenkleber und Fugenfüllmasse,
    außentauglich
Acrylfarbe
rostfreie Maschinenschrauben
Seestern aus Keramik
starker Leim
elektrische Teichpumpe
Maschendraht
Muscheln

1 Streichen Sie die Sperrholzplatte mit PVA-Vorstrichfarbe an (1 : 1 mit Wasser mischen); trocknen lassen. Ordnen Sie die drei kleinen und den großen Topf so an, dass das Wasser stufenweise abfließt.

2 Positionen der Töpfe markieren; Sonnenmosaik auf zeichnen. Bohren Sie die Schraubenlöcher für die Wandtöpfe sowie hinter dem obersten und untersten Topf je ein 18 mm großes Loch für den Wasseranschluss.

3 Stellen Sie mit Hilfe von Kleber und Fugenmasse das Sonnenmosaik aus zerbrochenen Fliesen zusammen (die Details der Mosaiktechnik werden auf S. 38–39 erklärt).

4 Streichen Sie das übrige Brett mit blauer Acrylfarbe an (Farbkleckse auf dem Mosaik vermeiden!) und bemalen Sie auch die Terrakottatöpfe; trocknen lassen.

5 Bohren Sie in den oberen und unteren Topf jeweils ein 18 mm großes Loch für den Wasserschlauch. Schrauben Sie die Töpfe an und kleben Sie den Seestern fest. Setzen Sie die Pumpe in den untersten Topf und führen Sie das Kabel durch das Loch.

6 Schließen Sie den Schlauch an die Pumpe an, stecken Sie ihn durch das Loch und führen Sie ihn hinter dem Brett bis zum obersten Topf. Den untersten Topf mit Wasser füllen, Wasserfluss regulieren. Die Pumpe wird mit Maschendraht abgedeckt und der untere Topf mit Muscheln gefüllt.

Wandbrunnen mit Strandstimmung **49**

Wasserrinne

Auf diesem raffinierten Wasserstrom können kleine Boote schwimmen, oder man lässt Stöcke und Korken in der Strömung tanzen. Die Rinne ist auch breit genug, um sich an heißen Tagen abzukühlen oder gegenseitig nass zu spritzen. Dennoch darf die Gefahr nicht unterschätzt werden, die von Wasser ausgeht. Wird die Wassertiefe gering gehalten, dann ist die Rinne für größere Kinder unproblematisch, aber kleine Kinder müssen beaufsichtigt werden. Die Rille besteht aus einem Stahlträger, das Wasser zirkuliert mit Hilfe einer verborgenen Pumpe, die in einem Behälter am unteren Ende untergebracht ist. Ein ebener Garten ist kein Problem – wenige Zentimeter Höhenunterschied reichen aus, um den Wasserfluss in Gang zu halten. Auch ein Laie ohne besondere Vorkenntnisse kann diese Rinne errichten, nur die Pumpe sollte vom Elektriker angeschlossen werden.

Material

2 Stahlträger, jeweils 4 m lang
Metallfarbe (Rostschutzfarbe)
Plastikmülleimer
feinmaschiger Maschendraht
Silikon zum Abdichten
elektrische Teichpumpe
Ziegelsteine
Schlauch, 9 m lang
Mosaiksteine (siehe S. 38–39)
grober Kies, Zement
große, ebene Platte

1 *Die Rinne besteht aus zwei aneinander stoßenden Stahlträgern. Achten Sie beim Kauf gebrauchter Träger darauf, das sie gerade und die Kanten möglichst glatt sind, denn beim Abriss treten häufig Beschädigungen auf. Entfernen Sie mit einer Drahtbürste Rost und lockeren Schmutz; dann werden die Träger mit Metallfarbe angestrichen.*

2 *Legen Sie die beiden Träger an die vorgesehene Stelle und markieren Sie ihre Lage mit einem Spaten. Zeichnen Sie am unteren Ende der Strecke die Position des Auffangbeckens (Mülleimer) ein. Der Träger muss ein Stück über den Rand des Beckens reichen. Befestigen Sie Maschendraht am Trägerende, damit nichts in das Becken gespült wird. Graben ausheben, Träger bündig mit dem Boden einsetzen.*

3 *Loch ausheben, Auffangbecken einsetzen. Prüfen Sie den Wasserfluss mit einem Schlauch, regulieren Sie das Gefälle. Bedenken Sie, dass die Pumpe einen gewissen Wasserdruck erzeugt. Versiegeln Sie die Verbindung zwischen den Trägern mit Silikon.*

4 *Stellen Sie die Pumpe auf einen Ziegelstein in den Mülleimer, damit sie nicht verstopft. Schließen Sie einen Schlauch an, und führen Sie ihn in einem schmalen Graben entlang der Rinne bis zum oberen Ende (er sollte etwa 10 cm in die Rinne hineinragen); mit Erde abdecken.*

5 Eine mosaikverzierte Platte bildet den oberen Abschluss der Rinne. Heben Sie eine Grube in der Größe der Platte aus. Geben Sie groben Kies und Zement hinein, um den Zufluss zu fixieren; Platte auflegen.

6 Sie können auch das Auffangbecken mit einer Steinplatte abdecken und dann Kies oder ein passendes Material darüber legen. Füllen Sie das Becken mit Wasser und schließen Sie die Pumpe an.

Regulieren Sie den Wasserfluss

Bevor Sie das Auffangbecken abdecken, müssen Sie die Wassermenge regulieren, bis Fließgeschwindigkeit und -geräusch gut abgestimmt sind. Mit ein paar kleinen Plastikbooten kann ein Kind sich nun stundenlang beschäftigen.

Hier ist die Wasserrinne in Kies eingebettet, sie kann aber auch durch den Innenhof, über die Terrasse oder durch den Rasen geführt werden.

Blubbernder Springbrunnen

Unter einer Abdeckung aus tiefblau gefärbten Matten verbirgt sich ein originelles Wasserspiel. Normalerweise bleibt es unauffällig; man hört nur das beruhigende Geräusch von fließendem Wasser. Bei Bedarf aber spritzen Wasserstrahlen durch die Matten. Ein unkonventionelles und dennoch höchst praktisches Wasserspiel: Solange das Wasser unter den Matten bleibt, bilden die Plastikmatten eine warme, einladende Trittfläche. Andererseits sind die feinen Wasserstrahlen einfach unwiderstehlich. Die Matten sind rutschfest, und überschüssiges Wasser fließt einfach zurück. Der Springbrunnen ist für Kinder jeden Alters attraktiv: sie können herumspritzen, auf den Matten liegen, mit den Wasserstrahlen spielen oder einfach heiße Füße kühlen.

Material

4 m Holzleisten, 18 mm stark
Sprudelbrunnen
weißer Kies als Füllmaterial für den Brunnen
elektrische Teichpumpe mit Sprühdüsen
weiße Feldsteine
begehbarer Stahlrost (1 × 1 m)
blaue Metallfarbe
4 durchbrochene Plastikmatten
    (50 × 50 cm)

1 Bauen Sie aus den Holzleisten einen stabilen, 1 m² großen Rahmen, der 15 cm tief versenkt wird. Schrauben Sie innen eine Holzlage an, die als Auflage für Gitter und Matten dient (die Matten sollten bündig mit dem Rahmen abschließen). Graben Sie ein Loch für den Sprudelbrunnen und richten Sie ihn aus; Randbereich mit Füllmaterial auffüllen.

2 Setzen Sie die Pumpe in den Brunnen. Füllen Sie Wasser ein und prüfen Sie den Wasserdurchfluss. Legen Sie die Abdeckung des Brunnens auf und bedecken Sie ihn mit weißen Feldsteinen.

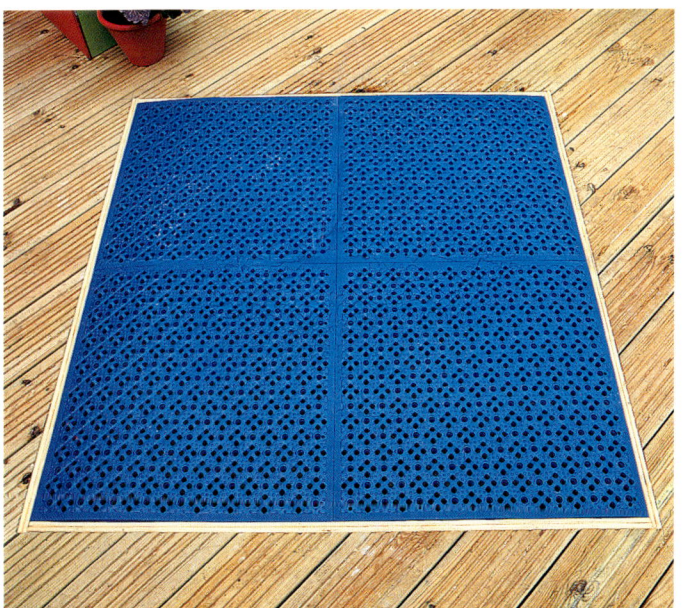

3 Streichen Sie den Stahlrost blau an, bzw. verwenden Sie verzinkten Stahl. Setzen Sie das Gitter in den Holzrahmen und verbinden Sie die vier Plastikmatten. Glätten Sie alle Unebenheiten.

4 Sie können den Fluss durch Pumpenaufsätze variieren. Für den Springbrunnen müssen Sie Matten und Rost entfernen und Sprühdüsen aufsetzen, dann spritzt das Wasser durch die Matten. Verstauen Sie nicht gebrauchte Düsen und Aufsätze an einem sicheren Ort.

Pflanzen

Blumen aus Samen heranzuziehen macht Kinder stolz, und sie lernen dabei, was Pflanzen zum Leben brauchen. Mit nur wenig mehr Aufwand und etwas Fantasie können Kinder sogar richtige Nutzpflanzen ziehen, die dann von der ganzen Familie gemeinsam gegessen werden. Viele Obst- und Gemüsesorten lassen sich in Töpfen kultivieren, was die Sache erleichtert. Bemerkenswert ist übrigens, dass selbst mäkelige Esser mit Begeisterung die Früchte ihrer eigenen Arbeit verzehren.

Kinder können aber auch über ihre Sinne an Pflanzen herangeführt werden. Viele Kinder lieben den Duft und Geschmack von Kräutern, ganz spontan betasten sie Baumrinde und Gräser, mit großem Vergnügen öffnen sie Knospen oder drücken ihre Fingernägel in fleischige Blätter. Erwachsene sollten allerdings nicht zu viel erwarten – Kinder streben nicht nach größtmöglichem Ertrag und wollen auch keine perfekten Pflanzen. Sie wollen ganz ungezwungen Pflanzen wachsen sehen. Es macht ihnen großen Spaß, Samenkörner auszustreuen, sie zu wässern und schließlich die Pflanzen zu ernten – allerdings wird es immer Tage geben, an denen sie sich für alles andere interessieren, nur nicht für ihre Pflanzen.

Fleischfresser-Sumpf

Die faszinierenden Fleisch fressenden Pflanzen wachsen in jedem wasserdichten Behälter auf saurem Substrat. Kinder fühlen sich von den Insekten fangenden Fallenstellern gleichermaßen angezogen wie abgestoßen. Viele dieser Pflanzen, etwa die Kannenpflanze *Sarracenia*, begeistern auch durch ihre ungewöhnliche Gestalt. Trotz ihres exotischen Aussehens lassen sich die Insekten fressenden Pflanzen recht einfach kultivieren. Die meisten müssen im Winter ins Haus genommen werden, nur *Drosera* darf an einem geschützten Platz stehen bleiben. Ihre Nahrung fangen sich die Pflanzen selbst. Allerdings brauchen sie reichlich Regenwasser – im Leitungswasser ist zu viel Kalk enthalten. Die hier ausgewählten Pflanzen kommen in sauren Mooren vor, einige sind an ihren natürlichen Standorten bedroht.

Material

Holzkiste
rote Acrylfarbe
Teichfolie
Torf
kalkfreier Sand
Fleisch fressende Pflanzen, wie
    Sarracenia flava, Sarracenia purpurea
    purpurea, Dionaea muscipula und
    Drosera
Glasmulch

1 Der Sumpfgarten wird in einer Kiste angelegt. Von dieser rot ange-strichenen Weinkiste heben sich die Pflanzen gut ab.

2 Die Kiste wird innen mit Teichfolie ausgeschlagen, um sie wasser-dicht zu machen.

3 Füllen Sie die Kiste zur Hälfte mit einem Torf- (6 Teile) und Sand-(1 Teil)-Gemisch. Leider gibt es keine Alternative zum Naturmaterial Torf, das aus Mooren gewonnen wird. Drücken Sie die Mischung fest und glätten Sie die Oberfläche.

4 Nun die Pflanzencontainer hineinstellen und so anordnen, dass Farben und Formen gut zur Geltung kommen. Wenn Sie viele Pflanzen auf einmal setzen, sieht es von Anfang an beeindruckender aus, weni-ger Pflanzen brauchen etwas Zeit, bis sie die Kiste füllen.

5 *Fleisch fressende Pflanzen werden traditionell mit Moos gemulcht. Hier wurde stattdessen schwarzer Glasmulch verwendet, der sehr dekorativ wirkt. Die Verletzungsgefahr ist gering, dennoch sollte man vorsichtshalber Handschuhe tragen.*

6 *Gießen Sie die Pflanzen reichlich mit Regenwasser. Die Kiste kommt an einen sonnigen, geschützten Platz und muss ständig feucht gehalten werden.*

Auswahl der Pflanzen

▶ *Die rot gestrichene Kiste fügt sich in diese Gartenecke mit roten Beetkanten und Blüten gut ein. Sie steht auf einem Bett aus Glasmulch.*

◀◀◀ *und* ◀◀ Sarracenia *lockt mit Nektar, der am Rand des trichterförmigen Blattes gebildet wird, Fliegen, Wespen und andere Insekten an. An den glatten Wänden können sie sich nicht halten und fallen in die Kanne. Es gibt Formen mit 90 cm hohen Kannen.*

◀ *Dic Blätter des kleinen Sonnentaus (Drosera) sind mit roten Haaren bedeckt, die glänzende, klebrige Schleimtröpfchen ausscheiden. Insekten bleiben daran kleben und werden verdaut.*

Für Kinder ist es spannend, Geschmack, Duft und Oberfläche einer Pflanze zu erkunden – den brennenden Geschmack von Schnittlauch, den frischen Duft von Minze oder die lederige Oberfläche von Lorbeerblättern, die erst zerrieben ihr feines Aroma verströmen. Lassen Sie die Kinder ihre Lieblingspflanzen in einem großen Topf ziehen. Eine Alternative wären Kräuter für ein Lieblingsessen, etwa Basilikum, Majoran und Knoblauch für Nudelgerichte. Die meisten Kräuter sind robust und gedeihen auch, wenn man sie nicht ständig pflegt.

Lieblingskräuter

Material

4 bis 5 Kräuterpflanzen
gelbe Acrylfarbe
Tonscherben
Blumenerde
Hygromull
Namensschild aus Holz

1 *Überlassen Sie Ihren Kindern die Pflanzenauswahl. Schlagen Sie ihnen Kräuter vor, die Kindern gut schmecken.*

2 *Hier wurde ein preiswerter Terrakottatopf sonnengelb angemalt – ein schöner Kontrast zum Grün der Blätter.*

3 *Legen Sie den Boden mit Tonscherben aus und füllen Sie Blumenerde ein; etwas Hygromull beimischen. Lösen Sie die Pflanzen vorsichtig aus den Containern.*

4 *Setzen Sie die Kräuter ein; wässern und an einen sonnigen Platz stellen. Ein großes, hübsches Namensschild gibt dem Ganzen den letzten Schliff.*

Lieblingskräuter **63**

Säen

Im Spätsommer und Frühherbst ist das Sammeln von Samen eine schöne Beschäftigung. Kindern macht es großen Spaß, trockene Früchte aufzubrechen und die vielen kleinen, kostbaren Samenkörner zu befreien.

Die Samen lassen sich leicht in braune Briefumschläge schütteln, die man beschriftet und an einem dunklen, trockenen Ort bis zum nächsten Frühling aufbewahrt. Dann wächst aus den Samen neues Leben. Einige Arten, wie Jungfer im Grünen oder Akelei, werden gleich wieder ausgesät, beispielsweise im Gartenbereich des Kindes, und treiben im nächsten Frühling bereitwillig aus.

Auf diese einfache Art und Weise gewinnen Kinder einen ersten Einblick in den magischen Kreislauf des Lebens – und nebenbei wird dafür gesorgt, dass der Garten im nächsten Jahr viele neue Blumen hervorbringt.

Material
braune Briefumschläge
Samen
Blumentöpfe
Blumenerde

1 Samen wie diese Sonnenblumenkerne werden im Spätsommer oder Herbst gesammelt und in Umschlägen kühl und trocken aufbewahrt.

2 Kleine Blumentöpfe mit Blumenerde füllen, leicht andrücken und die Samen etwa 2,5 cm tief hineinstecken (einen pro Topf).

3 Gründlich gießen und an einen sonnigen Platz stellen; feucht halten, bis die ersten Blätter erscheinen.

4 Sobald das Pflänzchen kräftig genug ist, wird es in den Garten gepflanzt und sein Wachstum beobachtet.

Erdbeerturm

In bunten, ineinander gestapelten Sandeimern lassen sich ganz einfach wunderschöne Kaskaden von rot leuchtenden Erdbeeren heranziehen. Im Stapel gedeihen viele Pflanzen – und Früchte – auf minimalem Raum. Kinder werden die Ernte herbeisehnen, während sie beobachten, wie die Erdbeeren immer dicker und reifer werden. Schließlich dürfen sie die noch sonnenwarmen Früchte direkt von der Pflanze essen. Wenn Sie Sorten auswählen, die zu verschiedenen Zeiten fruchten, gibt es den ganzen Sommer über etwas zu ernten. Erdbeeren brauchen reichlich Wasser und sollten einmal monatlich mit einem kalireichen Dünger versorgt werden, damit sie reichlich tragen.

Material
4 Plastikeimer
Tonscherben
Blumenerde
8 Erdbeerpflanzen

1 Nehmen Sie vier Plastikeimer in abgestufter Größe und in kräftigen Farben. Wählen Sie üppig und zeitlich versetzt fruchtende Sorten wie 'Cambridge Favourite', 'Cambridge Vigour' und 'Red Gauntlet'.

2 Bohren Sie Löcher in die Böden der Eimer und füllen Sie Tonscherben ein. Diese verbessern den Wasserabfluss und verhindern, dass die Blumenerde ausgespült wird.

3 Füllen Sie die Eimer zur Hälfte mit Blumenerde und stapeln Sie den Erdbeerturm auf.

4 Füllen Sie die Eimer bis fast unter den Rand mit Blumenerde auf; gut festdrücken.

5 Verteilen Sie die Erdbeerpflanzen auf die Etagen; gut wässern. Für einen Turm dieser Größe braucht man acht Pflanzen.

Kartoffeln im Topf

Aus ganz wenigen Saatkartoffeln entstehen genug Kartoffeln für mehrere Mahlzeiten – für Kinder grenzt es geradezu an Zauberei, wie sich diese Handvoll Kartoffeln wundersam vermehrt. Wählen Sie eine ergiebige Sorte, die für die Kultur im Blumentopf geeignet und schädlingsresistent ist. Hier wurde die Sorte 'Vanessa' verwendet. Der Topf braucht einen sonnigen Platz, reichlich Wasser und einmal pro Woche Flüssigdünger. Man kann die Kartoffeln nach den letzten Frosttagen pflanzen – wenn ein Gewächshaus oder Wintergarten vorhanden ist, auch etwas früher. Bei kleinen Kindern ist Vorsicht geboten, denn die oberirdischen Teile der Kartoffel sind giftig.

Material
Saatkartoffeln
großer Topf
Blumenerde
Namensschild

1 Die Kartoffeln müssen mehrere Wochen in einem hellen, frostfreien Raum lagern, um auszutreiben. Ideal ist ein Eierkarton, in den die Kartoffeln mit den Augen nach oben – diese wachsen zu den Trieben aus – gesetzt werden. Wärme beschleunigt den Prozess. Kartoffeln mit 15 mm langen Trieben können eingepflanzt werden.

2 Nehmen Sie einen Topf mit Bodenloch und füllen Sie 15 cm hoch Blumenerde ein. In einen 40 cm breiten Topf kann man drei bis vier Saatkartoffeln setzen. Legen Sie die Kartoffeln mit dem Trieb nach oben hinein und füllen Sie mit 15 cm Blumenerde auf; Erde andrücken und gut wässern.

3 Beschriften Sie den Topf mit einem großen Namensschild. Wenn die Sprosse 20 cm Länge erreicht haben, werden sie „aufgehäufelt".

4 Füllen Sie dazu so viel Erde auf, dass etwa die Hälfte des Sprosses abgedeckt wird. Dies muss wöchentlich geschehen, bis der Topf gefüllt ist; jedes Mal gut wässern.

5 Die lange ersehnte Ernte erfolgt bei Frühkartoffeln zur Blütezeit. Die Wurzeln werden vorsichtig gelockert und die vergrabenen Schätze ans Licht geholt.

Hyazinthen im Zimmer

Mit ein wenig Vorplanung im Herbst kann man sich die Farbe und den Duft des Frühlings besonders früh im Jahr ins Haus holen. Geeignet ist jedes Glasgefäß, dazu kräftig gefärbtes Granulat, Glaskugeln, Kiesel, Knöpfe, Muscheln, Plastikkugeln oder sogar Plastikfigürchen. Kinder dürfen die Behälter, in denen die Hyazinthen wachsen sollen, selbst gestalten. Solche hübsch dekorierten Gläser eignen sich auch als Geschenk. Achten Sie beim Kauf auf Knollen, die zum Treiben geeignet sind.

Material
Hyazinthenzwiebeln
Glaskugeln und Dekomaterial
farbiges Granulat
Glasgefäße

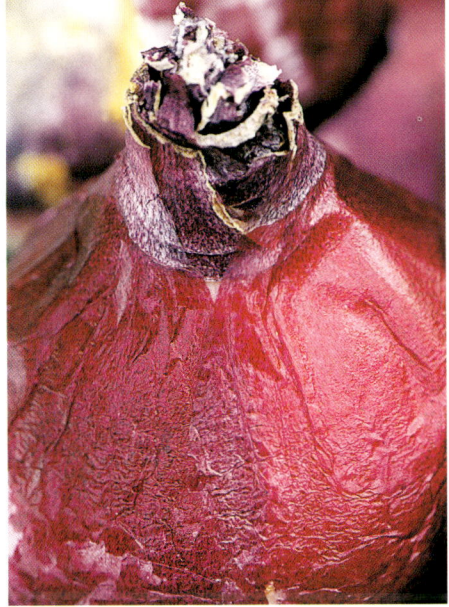

1 Die purpurnen Zwiebeln der Hyazinthe 'Blue Jacket' eignen sich hervorragend zur Treiberei. Der Spross wächst aus dem spitzen Ende der Zwiebel aus.

2 Glitzernde blaue Monde und Sterne bilden den Kontrast zu gelbem Granulat und passen zum Blauviolett der Hyazinthenblüte.

3 Füllen Sie die Glasvase mit dem Granulat und setzen Sie dabei das Dekomaterial ein. Hier dürfen Kinder ihre ganze Kreativität entfalten.

Gut wässern

Bis die Wurzeln ausgetrieben sind, muss der Wasserspiegel stets bis zur Basis der Zwiebeln reichen.

4 Setzen Sie die Zwiebeln ein und füllen Sie bis zu den Zwiebeln mit Wasser auf. Um die Zwiebeln herum werden noch ein paar Glaskugeln verteilt.

5 Stellen Sie die Vase an einen kühlen, dunklen Ort, bis die Sprosse 2,5 – 5 cm hoch sind. Dann kommen sie auf ein Fensterbrett, wo das Kind ihr Wachstum verfolgen kann.

Wildtiere und Haustiere

Einen Garten zu gestalten, in dem sich auch frei lebende Tiere wohlfühlen, kann für Kinder eine wertvolle Erfahrung sein, denn die wenigsten haben Gelegenheit, Wildtiere zu beobachten. Es macht einfach Spaß, in einem Garten zu spielen, der auch Fledermäusen, Fröschen, Igeln und Schmetterlingen eine Heimat bietet. Kinder, die im Garten wild lebende Tiere beobachten und füttern können, werden wirkliches Interesse an der Umwelt und Respekt vor der Natur entwickeln.

Es braucht nur wenig, um Tiere in den Garten zu locken. Die wichtigsten Grundsätze sind: Verwenden Sie keine Pestizide und lassen Sie einige Bereiche des Gartens wild wuchern. Pflanzen Sie drittens Sträucher und Blumen, die Nektar, Samen und Früchte bilden. Wenn Sie dann noch zusätzliche Anreize vorsehen, um die Ansiedlung zu fördern, dürften schon bald Insekten und andere Tiere Ihren Garten erobern.

Haustiere haben andere Aufgaben. Mit ihnen lernt ein Kind, Verantwortung für andere zu übernehmen. Zwei der folgenden Projekte befassen sich daher mit Haustieren.

Palast für Haustiere ▸ *Miniteich für Gartentiere* ▸ *Futterstelle für Vögel* ▸ *Katzenminze-Katzenkörbchen*

Die meisten Freilandgehege für Haustiere sind langweilig und werden für gewöhnlich in die letzte Ecke des Gartens verbannt. Der hier vorgestellte „Palast" mit seinen exotischen Verzierungen und seiner lebhaften Farbe bietet eine überraschende Alternative. Kinder können hier Meerschweinchen oder Zwergkaninchen halten, denn das Gehege ist nicht nur hübsch, sondern auch praktisch. Es enthält ein gemütliches, wetterfestes Schlafhaus und einen großzügigen Auslauf. Gräbt das Tier Gänge, kommt noch ein Boden aus Maschendraht hinzu – so kann es Gras knabbern, aber nicht entkommen. Zum Bau des Geheges aus Rankgittern und zwei Holzkisten braucht man nur wenig Geld sowie ein Minimum an handwerklichen Fähigkeiten.

Palast für Haustiere

Material

3 Rankgitter, 200 × 60 cm
ungiftige Holzschutzfarbe
5 Kanthölzer, 5 × 5 cm, 60 cm lang
verzinkter Maschendraht und
   Krampen
verzinkte Schrauben
2 verzinkte Scharniere
5 Sicherheitshaken und Ösen
2 Holzkisten (z. B. Weinkisten)
Holzspachtelmasse
2 Zierleisten aus Holz, 60 cm lang
Holzleim
Plastiktablett
Holzrest für die Rampe
Holzknäufe

1 Schmirgeln Sie die Rankgitter ab und streichen Sie sie mit Holzfarbe. Das Blau bildet einen schönen Kontrast zum Grün des Rasens. Alle anderen Holzteile abschmirgeln und passend anstreichen.

2 Sägen Sie zwei der Gitter in je ein 120 cm und ein 60 cm langes Stück auseinander – sie bilden die Seiten des Geheges. Die Kanthölzer bilden die Eckpfosten.

3 Tackern Sie den Maschendraht innen an die Gitter; mit Krampen sichern. Schrauben Sie die Gitter mit den Eckpfosten zu einem rechteckigen Gehege zusammen. Eines der kürzeren Gitter wird als Tür mit Scharnieren an einen Pfosten geschraubt. Das fünfte Kantholz sorgt als Schwelle für Stabilität. Die Tür mit Haken und Öse sichern.

4 Für das Schlafhaus wird eine der Holzkisten als Deckel zersägt, in die andere sägt man einen Eingang. Alle Fugen werden mit Spachtelmasse abgedichtet. Leimen Sie die Zierleisten an die Deckelfront und streichen Sie alles mit passender Holzfarbe.

▶ *Ein besonderer Vorteil dieses Geheges ist, dass die Kinder mit darin sitzen und mit ihren Tieren spielen können. Wenn sie die Tür hinter sich schließen, kann das Tier nicht entwischen.*

5 *Schrauben Sie das Schlafhaus an die hintere Schmalseite an – etwas erhöht, damit keine Bodenfeuchte eindringen kann. Ein Tablett auf dem Boden des Hauses erleichtert die Säuberung. Das dritte Rankgitter wird als Abdeckung für das Gehege zurechtgesägt. Tackern Sie innen Maschendraht auf und leimen Sie vorn eine Zierleiste an. Die zwei dicken Holzknäufe auf der Abdeckung sind ein weiterer Blickfang. Die Abdeckung wird mit Haken und Ösen befestigt.*

Größe anpassen

Meerschweinchen oder Zwergkaninchen leben mehrere Jahre, es lohnt sich also, ihnen eine hübsche Wohnung zu bauen. Sollte sich die Tierfamilie vergrößern oder größere Rassen gewünscht werden, kann man das Gehege entsprechend erweitern.

Miniteich für Gartentiere

So klein er ist, bietet dieser hübsche Topf den Kindern doch Gelegenheit, Wasserpflanzen und -tiere zu beobachten. Der Miniteich ist leicht zu gestalten und kann in jeder Gartenecke Platz finden. Die vorgesehenen Wasserpflanzen ziehen Insekten an – und auch andere Tiere, die Jagd auf sie machen. Das kräftige Blau des Topfes passt sowohl zu den blauen und weißen Blüten als auch zur Umgebung. In Gärten für Kleinkinder muss der Topf mit einem stabilen Gitter abgedeckt werden.

Material
großer wasserdichter, glasierter Topf
Silikon, falls erforderlich
Ziegelsteine
Wasserpflanzen
Feldsteine
künstliche Libelle zur Dekoration

1 Nehmen Sie einen großen glasierten Topf; ist der Boden unglasiert, wird er mit Silikon abgedichtet. Senken Sie den Topf in den Boden ein, bis er 10 cm herausragt; Oberkante waagerecht ausrichten.

2 Legen Sie Ziegelsteine in den Topf, so dass die Pflanzenbehälter mit ihrer Oberkante 15 cm unter der Wasseroberfläche stehen. Füllen Sie Wasser ein.

3 Wählen Sie kleinwüchsige Pflanzen wie Ranunculus aquatilis, Glyceria maxima variegata, Mentha cervina, Gratiola officinalis und Nasturtium aquaticum. Setzen Sie die Töpfe vorsichtig ein. In dieser Zahl bieten die Pflanzen sofort ein üppiges Bild, man kann den Teich aber auch mit weniger Pflanzen langsam zuwachsen lassen.

4 Achten Sie darauf, dass Frösche und Kröten guten Zugang zum Teich haben, indem Sie größere Feldsteine daneben und einige direkt unter die Wasseroberfläche legen. Die schillernde Libelle aus Metall dient zur Verzierung.

Futterstelle für Vögel

Kinder werden den Vögeln noch lieber beim Futtersuchen zuschauen, wenn sie fleißig beim Bau der Futterstelle mitgearbeitet haben. Sie bildet eine rustikale Alternative zum üblichen Vogelhäuschen, lässt sich einfach herstellen und bietet den Kindern viele Betätigungsmöglichkeiten. Hier finden nicht nur kleine Vögel wie Blaumeisen, Finken oder Kleiber Nahrung, die Futterstelle ist auch ein interessantes Gestaltungselement für naturnahe Gärten.

Material
großer Ast
Terrakottatopf
Fertigbeton
Kiefernzapfen
starke Schnur
Draht
Fettbälle
Erdnüsse
Fallobst (Äpfel)
Samenglocken
Hagebutten

1 Wählen Sie einen passenden Ast aus und stutzen Sie ihn zu einer markanten und hübschen Form.

2 Betonieren Sie den Ast in einen großen Terrakottatopf ein. Wenn der Beton trocken ist, wird er mit Kiefernzapfen verdeckt.

3 An den Zweigen werden Fettbälle, Erdnüsse, Fallobst und Samenglocken mit Draht und Schnur befestigt.

Vogelfutter

Zusammengebundene Hagebutten, Zapfen und rustikale Schnur dienen zur Verzierung. Haben die Vögel die Vorräte verzehrt, können Sie die Futterstelle nach Lust und Laune neu bestücken – mit Beeren, Ähren oder Resten aus der Küche.

Katzen werden dieses Körbchen lieben, denn es ist mit der unwidersteh-lichen Katzenminze bepflanzt. Das originelle Körbchen kann von älteren Kindern leicht eingerichtet und gepflegt werden. Katzen werden vom Duft der Pflanzen magisch angezogen. Sie wälzen sich in den Blättern, die dabei zerquetscht werden und ihren Duft verströmen. Die Pflanzen sollten daher kräftig genug sind, bevor Ihre Katze sich freuen darf – und nach allzu heftigen Attacken ist es ratsam, dem Gewächs etwas Ruhe zu gönnen. Katzenminze *(Nepeta)* wächst schnell und macht nicht nur der Katze viel Freude, sondern bildet auch den ganzen Sommer lang viele hübsche blaue Blüten.

Katzenminze-Katzenkörbchen

Material

Körbchen
5 *Nepeta*-Pflanzen
matter Lack, außentauglich
Teichfolie
Tonscherben
Blumenerde
Hygromull
Schiefer

1 *Nehmen Sie einen kleinen Katzenkorb und fünf bis sechs Pflanzen* Nepeta cataria *oder* Nepeta × faassenii; *Katzen lieben diese Arten.*

2 *Streichen Sie das Körbchen innen und außen sorgfältig mit Lack ein, damit es nicht verrottet. Kleiden Sie es mit Teichfolie aus; an einigen Stellen durchlöchern und Tonscherben einfüllen.*

3 *Füllen Sie das Körbchen zur Hälfte mit Blumenerde; einige Handvoll Hygromull beimischen. Formen Sie eine Kuhle in der Mitte. Pflanzen Sie die Katzenminze am Rand ein.*

4 *Legen Sie Schieferstücke auf die Blumenerde; sie bringen die Pflanzen gut zur Geltung und sind ein guter Liegeplatz für die Katze. Gut wässern. Katzenminze und Katzen mögen einen warmen Platz.*

Kinderfeste

Der Garten ist ein idealer Ort für Kinderfeste, denn hier können sich selbst ausgelassene Teilnehmer gehen lassen, ohne Ermahnungen wegen gefährdeter Teppiche und Möbel befürchten zu müssen. Durch entsprechende Vorbereitung verwandelt sich der vertraute Garten in eine aufregende Kulisse für das besondere Ereignis. Bei den Dekorationen kommt es nicht auf Masse oder Wert an, sondern auf Einfallsreichtum und sorgfältige Auswahl. Vieles können die Kinder selbst entwerfen und herstellen. Je überraschender oder umfassender die Verwandlung, desto aufregender wird das Ergebnis sein. Manchmal reicht es aus, Schubladen, Schränke oder Schuppen zu durchsuchen, um reichlich interessantes Material zu finden.

Sollte unsicheres Wetter herrschen, kann man einen Teil des Gartens in einen märchenhaften Eingang verwandeln, den die Gäste bei der Ankunft durchschreiten. Beim Blick durchs Fenster wird die Dekoration zum Bestandteil der Party. Selbst wenn das Fest größtenteils im Haus stattfindet, ist der Garten der ideale Ort für wilde Spiele, bei denen auch lebhafte Gäste Dampf ablassen können. Die Vorbereitungen für ein Kinderfest kosten zwar Zeit, können aber schon ebenso viel Spaß machen wie das Ereignis selbst. Der Aufwand lohnt sich, denn er trägt viel dazu bei, dass es ein unvergessliches Fest wird. Ermuntern Sie Ihre Kinder, bei der Planung mitzuwirken – sie haben sicher jede Menge guter Ideen.

Ostereiersuche ▸ *Mittsommerparty* ▸ *Halloween* ▸ *Weihnachten*
▸ *Partygeschenke*

Ostereier- suche

In den meisten Familien gehört die Suche nach Schokoladeneiern zum Osterfest mit Kindern. Es macht ihnen großen Spaß, durch den Garten zu laufen und zwischen Sträuchern und Pflanzen nach versteckten Schätzen zu suchen. Wenn Sie den Garten zu diesem Zweck besonders schmücken, macht die Suche noch mehr Spaß.

Mit den österlichen Dekorationen wird der Garten aufregender und bunter; frische Grün- und Gelbtöne passen zum frühlingshaften Garten. Mit einfachen Hilfsmitteln verwandelt sich der normale Familiengarten in einen magischen Ort voller Aktion und Spaß. Außerdem können die Kinder während der Vorbereitungen ihr kreatives Talent ausleben.

▲ Der kugelig beschnittene und mit gelben Seidenbändern geschmückte Liguster bildet den Mittelpunkt der Party.

▶ Die Kinder haben Styropor-Eier bemalt und als fröhliche Dekoration auf Bambusstäbe gesteckt.

▶▶ Wenn man Schokoladeneier in kleine Päckchen aus durchsichtiger Plastikfolie packt, bleiben sie sauber. Verschließen Sie die Päckchen mit Schleifen in verschiedenen Farben – eine für jedes Kind –, damit die Funde gerecht verteilt werden.

▲ Bunte Eier mit persönlicher Widmung sind eine hübsche Ergänzung zum Kuchen am Nachmittag. Malen Sie mit weißem Fettstift oder einer Kerze das Muster auf. Danach werden die Eier nach Packungsangaben mit Lebensmittelfarbe gefärbt. Tauchen Sie die Eier ein, bis der gewünschte Farbeffekt erzielt wurde.

Gelbe und grüne Flaggen bringen Bewegung in den Garten. Sie werden aus Betttuchstücken zusammengenäht, an der Längskante mit einem Umschlag versehen und auf Bambusstäbe gesteckt. Die Kinder bekommen einfache Körbchen mit gelben und grünen Henkeln. Jedes Kind darf seinen Korb vor der Suche selbst schmücken.

So färbt man Eier

1 In vielen Regionen Europas werden Eier traditionell mit Blumen und Blättern verziert, die man im Garten sammeln kann.

2 Blätter und Blüten auf die Eierschale legen, mit Zwiebelschalen abdecken; mit elastischem Band sichern.

3 Die Eier hart kochen, nach dem Abkühlen die Hülle entfernen. Diese Eier dienen nur zur Dekoration.

▲ *Nachdem die Kinder nach Ostereiern gesucht haben und durch den Garten getollt sind, genießen sie Plätzchen im Freien.*

▶ *Mit Ausstechformen und gelber Lebensmittelfarbe geben Sie den selbst gemachten Plätzchen österlichen Reiz.*

▲ Die farbenfrohen Veilchen sind eine ideale Dekoration für die Kindertafel. Die Küken auf der Stange tragen zur Osterstimmung bei.

▶ Mit ein wenig grüner Acrylfarbe verwandeln Sie einen Blumentopf in ein Nest für Schokoladeneier.

▲▲ Kleine Törtchen bekommen durch bunt eingepackte Schokoladeneier den österlichen Schliff.

▲ Natürlich gehört auch ein Kuchen auf die österliche Kindertafel.

Mittsommer- party

Planung und Vorbereitung dieser Party können die langen Sommerferien versüßen. Damit sie zu einem besonderen Ereignis wird, wird der uninteressanteste Teil des Gartens, der Rasen, zum zentralen Schauplatz – durch sorgfältiges Mähen wird er zum Spielbrett für die Party. Allerdings erfordert dieser verblüffende Effekt etwas Vorbereitung: Der Rasen wird ein bis zwei Wochen – je nach Wuchsverhältnissen – nicht gemäht. Dann legt man den Grundriss mit Seilen oder Bambusstäben fest und mäht zwischen Grenzlinien aus längerem Gras seine Spielfelder in den Rasen. Ein paar gute Ideen reichen aus, um einen Nachmittag voller Spiele und Spaß zu gestalten.

▶ Alle Arten von Wettrennen, hier das Eierlaufen, sind herrlich aufregend und kosten viel Energie.

▶▶ Bei einer Gartenparty können sich auch sehr lebhafte Kinder bei stürmischen Spielen austoben.

▼ Außer Bahnen für Wettrennen können Sie an anderer Stelle auch gewundene Pfade in den Rasen mähen, die sich überkreuzen und eine Vielzahl unvorhersehbarer Routen ermöglichen – ideal für Verfolgungsjagden oder einfach zum Herumtollen.

Boule ist ein faszinierendes Spiel, das sich für Kinder aller Altersgruppen eignet. Hier hat jeder die gleichen Chancen. Üblicherweise spielt man Boule auf hartem Sand, hier wurde stattdessen ein Spielfeld in den Rasen gemäht und die Grenze durch Sonnenblumen markiert. Das sieht nicht nur gut aus, man vermeidet auf diese Weise auch Konflikte mit anderen, wilderen Spielen.

Auf den parallel gemähten Rasenstreifen finden Wettrennen aller Art statt. Besondere Wettbewerbe wie Eierlaufen oder Rückwärts-Krabbeln machen Spaß und geben allen Kindern eine faire Chance. Natürlich dürfen sich die Kinder auch selbst Rennen oder Spiele ausdenken. Damit alles glatt läuft, sollten Sie alle benötigten Requisiten an der Startlinie bereithalten.

▲ Zu dieser Party passt ein einfaches Picknick mit leckeren kleinen Kuchen oder Plätzchen zum Essen aus der Hand.

▲ und ▸ Ein silberner Anstrich und große Dekoperlen geben dem einfachen Vogelbad einen Hauch von Glamour und machen es zum Mittelpunkt des Rasen-Spielfeldes. Das Becken ist mit Seifenlauge gefüllt, auf der Blüten schwimmen. Stellen Sie Aufgaben, um den Spaß zu verlängern – wer kann die größte Seifenblase machen, wer die meisten Blasen einfangen oder auch die längste Blasen-Kette mit einem Atemzug erzeugen?

◄ Nach anstrengenden Spielen am Nachmittag brauchen die Kinder ein schattiges Plätzchen, um zu essen und sich abzukühlen. Dieser Baldachin bietet Schutz vor der Sonne und schafft einen geborgenen Raum.

▼◄ Die verlockenden Farben der Beeren in einer prächtigen Schale aus Eis sind ein perfekter Blickfang. Die Kinder können die Schale am Tag vor dem Picknick selbst herstellen, indem sie Kräuter oder essbare Blumen in einer entsprechenden Schalenform arrangieren. Zwei ineinander gestellte Kunststoffschüsseln erfüllen denselben Zweck (in der größeren Schüssel wird etwas Wasser vorgefroren und dient als Boden für die kleinere). Der Zwischenraum wird mit Blüten und Wasser gefüllt und alles über Nacht in den Gefrierschrank gestellt. Am anderen Tag taucht man die Schüsseln in handwarmes Wasser und löst die Eisschale vorsichtig heraus.

▼ Ein duftender Strauß aus Kräutern und Blüten, mit einer Schleife gebunden, dient als Platzkarte. Der Name des Kindes wird auf ein Rosenblatt geschrieben.

▶ **Sonnensegel,** siehe Seite 154

Halloween

Im Zwielicht des Halloween-Abends werden die Partygäste von leuchtenden Kürbisgesichtern, dem Schatten einer hakennasigen Hexe und den flackernden Flammen riesiger Fackeln begrüßt. Die entsprechenden Dekorationen verleihen dem kleinen Hof ein gespenstisches Aussehen – gerade recht für die kleinen Gäste einer Halloween-Party. Hier können auch viele Partyspiele stattfinden. Wird es noch dunkler, leuchten die geisterhaften Kürbisköpfe geheimnisvoll durch die Fenster des Hauses. Im Folgenden finden Sie alle Zutaten für Halloween – ohne die grässlichen Horrormasken. Es braucht seine Zeit, die Kürbisse auszuhöhlen, Fledermäuse auszuschneiden und den Garten zu dekorieren, aber Kindern macht schon die Vorbereitung großen Spaß.

Brennende Kerzen und Fackeln sind nicht ungefährlich; lassen Sie die Kinder daher niemals unbeaufsichtigt! Achten Sie unbedingt auch auf den sicheren Stand der Kerzen.

▲ Besonders interessant wirken zu Gruppen zusammen-
gestellte Kürbisse. Dazwischen fallen einige merkwürdige
Gesichter mit sprießenden Haaren auf. Dazu wurden aus-
gehöhlte Kürbisse mit Gras bepflanzt – hier wurden die
Ziergräser Uncinia rubra und Ophiopogon planiscapus
'Nigrescens' verwendet. Die geisterhaften großen Fackeln
sind außer Reichweite der Kinder.

▶ Nicht nur für die Kinder, auch für Erwachsene ist Halloween eine willkommene Gelegenheit, sich zu verkleiden.

▲ Äpfel mit dem Mund in eine Schüssel werfen macht zwar Spaß, aber alles wird nass – ideal für draußen.

◄ Eine Schar glänzender Fledermäuse, die aus dicker schwarzer Plastikfolie ausgeschnitten wurden, ziert Wände, Fenster, Bäume, Gitter und Pflanzen.

▲ Das Fenster wurde mit Kürbislaternen, schwarzen Plastikfledermäusen, knorrigen Zweigen, silbernen Sternen und dunklem Stoff dekoriert.

▲▶ Mit flackernden Flammen und sprühenden Funken setzt diese alte Kohlenpfanne einen dramatischen Akzent – in sicherem Abstand von den Kindern.

▶ Die Laternen lassen sich leicht und schnell herstellen. Zeichnen Sie ein Gesicht oder Muster auf farbiges Bastelpapier und schneiden Sie es aus. Legen Sie das Papier außen um alte Marmeladengläser herum, kleben Sie es mit Klebeband fest und setzen Sie ein Teelicht hinein.

▲ *Diese prachtvolle hakennasige Hexe und ihr blubbern-*
der Kessel werden aus dicker schwarzer Plastikfolie aus-
geschnitten (ideal ist Teichfolie). In der Dämmerung, wenn
die Laternen sie vor einem hellen Hintergrund besser zur
Geltung bringen, wirkt die Hexe noch gespenstischer. Da
man die Figur zusammenrollen kann, lässt sie sich leicht
fürs nächste Jahr aufheben.

▸ *Kinder, die noch keine Kürbisse aushöhlen können, dür-*
fen mit einem Filzstift die Gruselgesichter aufmalen, die
dann von Erwachsenen ausgeschnitten werden.

Weihnachten

Zu dieser Zeit des Jahres, wenn sich alle im Schein der Adventskerzen auf das Fest freuen, wird der Garten oft vergessen. Für Kinder, denen das Warten schwer fällt, kann der Garten aber zu einer willkommenen Ablenkung werden, wenn Sie etwas vom Glanz und der Farbe des Weihnachtsfestes ins Freie übertragen. Schaffen Sie einen hübschen Blickfang oder einen Willkommensgruß für Ihre Besucher.

Man beginnt bei der Eingangstür und schmückt die Teile des Gartens, die man vom Haus aus gut sehen kann. Haben die Kinder einen eigenen Bereich, dürfen sie ihn für das Fest dekorieren. Man kann zwar Weihnachtsdekorationen für draußen kaufen, es macht Kindern aber mehr Freude, ihre eigenen Kreationen zu entwerfen.

▲ Kinder, die ihren Gartenbereich nach eigenem Geschmack schmücken dürfen, werden
mit Begeisterung Dekorationen basteln – ein
Aufwand, der sich lohnt.

▲▸ Ein Kranz aus Zweigen wurde mit Zucker-
stangen verziert.

▸ Ausgeschnittene Schaumstoff-Weihnachts-
bäume und grüne Perlen, abwechselnd an
einer Schnur aufgereiht, zieren die Dachkante
des Spielhauses.

◄ Laternen aus starker Silberfolie begrüßen mit ihrem Funkeln die Besucher. Kinder sollten nicht mit brennenden Kerzen spielen; lassen Sie die Laternen nicht unbeaufsichtigt!

▼◄ Silberne und purpurfarbene Dekorationen schmücken dieses Gartenhaus. In Blumentöpfen stehen mit Silberfarbe besprühte Zweige der Korkenzieherweide; aufgefädelte Plastikperlen lassen sie noch festlicher wirken. Über die ganze Fassade zieht sich ein Band von silbernen Sternen, die Tür schmückt ein silbern eingesprühter Kranz aus Zweigen. In der Dämmerung kommt die glitzernde Lichterkette zur Geltung.

▼ Die silbernen Sterne wurden nur leicht fixiert, so dass sie nach Weihnachten leicht wieder entfernt werden können.

◀◀ Dieser Kranz, üppig verziert mit bunt verpackten Süßigkeiten, lässt sich leicht herstellen und wird jedes Kind begeistern: Man steckt die Süßigkeiten mit hakenförmig gebogenem Bindedraht auf einen Styroporring.

◀ Wenn alle an Weihnachten denken, vergisst man leicht die Vögel im Garten. Über das schmückende Beiwerk werden sie sich wohl weniger freuen, umso mehr jedoch über das Futter.

◀◀ Solche einfache Ketten können schon ganz kleine Kinder herstellen.

◀ Engel aus Blumentöpfen, Bast, goldenen Kugeln und Goldfarbe – ein hinreißend naiver Schmuck für Gartentore oder Schuppen.

◄ Hier wurden die Perlenketten an einen silberbesprühten Weidenast gehängt. Man kann sie natürlich auch an jeden anderen Baum oder Strauch binden.

▼ Die Fettbälle und Erdnüsse für die Vögel kann man beliebig mit Perlen, Knöpfen oder anderem Flitterkram verzieren und so einen Farbklecks in den winterlichen Garten setzen.

Partygeschenke

Töpfe mit blühenden Pflanzen sind hübsche Gastgeschenke für alle Gelegenheiten. Zart duftende Veilchen in einem dekorativen Kasten eignen sich hervorragend für Geburtstag oder Muttertag. Die Stempeltechnik für die farbige Gestaltung ist einfach und für Kinder jeden Alters geeignet. Der fertige Kasten macht sich gut auf der Fensterbank oder als Mittelpunkt eines Gartentisches. Auch einzelne Pflanzen in kleinen verzierten Töpfchen sind hübsche kleine Geschenke. Insbesondere der zauberhafte Valentinstopf ist ein ideales Präsent für kleine Freunde oder Freundinnen.

Material

kleiner Holzkasten (z. B. von einer
   Wein- oder Sektflasche)
Acrylfarbe, purpur
große Kartoffeln
Acrylfarbe, gold
dicke Plastikfolie
Tonscherben
Blumenerde
6 Veilchenpflanzen

1 Entfernen Sie gegebenenfalls die Querwände aus dem Kasten, bohren Sie einige Löcher in den Boden; mit Acrylfarbe anstreichen.

2 Schneiden Sie das Stempelmuster in die Kartoffel. Kleinere Kinder malen nur das Muster, ein Erwachsener schneidet es aus.

3 Gießen Sie etwas Goldfarbe in eine Untertasse und tunken Sie den Kartoffelstempel darin ein.

4 Drucken Sie das Muster auf den Kasten – hier eine kontrastreiche Kombination aus Purpur und Gold. Kleiden Sie den Kasten mit Folie aus, bohren Sie einige Löcher hinein und pflanzen Sie die Veilchen ein.

Valentinstöpfe

Terrakottatöpfe werden mit gelber Acrylfarbe angestrichen. Die Oberkante verziert man mit einem andersfarbigen Wellenband. Zum Schluss werden die Töpfe mit roten Veilchen bepflanzt.

Kleben Sie glänzende Glasherzen auf den Topf und auf zugespitzte Bambusstöckchen, die tief in die Blumenerde hineingesteckt werden.

Der letzte Schliff

Es sind die kleinen dekorativen Details, die einen Garten zum Schmuckstück machen – sie unterstreichen seine Struktur, verleihen ihm Farbe, Atmosphäre, vielleicht auch Humor. Dies gilt ebenso für einen Garten für Kinder – Accessoires geben ihm mit Klang, Farbe und Licht den letzten Schliff. Der Stil dieser Elemente hat großen Einfluss auf das Ambiente und verleiht dem Garten Persönlichkeit. Geschickt platzierte, dekorative Details sind ein interessanter Blickfang und erfreuen das Auge.

Die Auswahl solcher Details ist eine sehr persönliche Angelegenheit. Erinnerungsstücke und Trödel wirken oftmals sehr schön, Gegenstände des täglichen Lebens kann man kreativ zu Stillleben arrangieren. Vielfach verwandelt ein Anstrich das Alltägliche in ein Schmuckstück. Für den letzten Schliff gilt es ganz einfache Regeln zu beachten: Gefällt es den Kindern? Fügt es sich harmonisch in den Garten ein? Lassen Sie Ihre Kinder beim Ausschmücken ihres Gartenbereiches mitbestimmen, damit sie ihm ihre persönliche Note geben; hier können sie die Früchte ihrer Arbeit ausstellen.

Töpfe gestalten ▸ *Mobiles* ▸ *Gekaufte Dekorationen*

Töpfe gestalten

Blumentöpfe, Kästen und andere Behälter lassen sich wunderbar persönlich gestalten. Farbige Töpfe mit passenden Rahmen wirken ungemein dekorativ, denn die verzierten Rahmen bringen die Pflanzen besonders spektakulär zur Geltung. Kinder können ihre Töpfe und Rahmen selbst entwerfen und darin ihre schönsten Pflanzen präsentieren. Als Basis nimmt man mit PVA-Vorstrichfarbe angestrichene Holzrahmen, die nach Belieben verziert werden können. Lustig sind Porträttöpfe mit aufgemalten Gesichtern und „Gras-Haaren".

▲ Jede einfache Holzkiste lässt sich zu einem hübschen Pflanzkasten umgestalten, der passend zu Standort und Bepflanzung verziert wird. Bohren Sie einige Löcher in den Boden und streichen Sie die Kiste mit Acrylfarbe. Schlagen Sie die Kiste mit Plastikfolie aus; einige Löcher hineinbohren. Dann wird Blumenerde eingefüllt und die Kiste bepflanzt.

◄ Grundieren Sie die Porträttöpfe mit Fassadenfarbe; für die Details nimmt man Acrylfarben. Malen Sie auf eine Seite ein lachendes, auf die andere ein trauriges Gesicht – oder ein schlafendes und ein waches. Diese Töpfe wurden mit der rötlichen Carex comans, dunklem Ophiopogon und dem gelb panaschierten Acorus gramineus bepflanzt.

◄ Ein Rahmen in Rosa und Violett, verziert mit farbigen Steinchen, lenkt den Blick auf die goldgelben Blüten.

◄ Die fleischigen Blätter von Aeonium balsamiferum kommen in dem himmelblauen Topf mit Muscheln und passendem Rahmen optimal zur Geltung.

Mobiles

Jedes Kind, das Perlen auffädeln kann, kann auch Mobiles und Windspiele basteln. Stellen Sie den Kindern das Material zur Verfügung und helfen Sie bei schwierigen Knoten. Alles, was dem Wetter widersteht, ist als Material geeignet und sorgt für Farbe, Licht, Bewegung und Klang: Perlen, Fichtenzapfen, Muscheln, Plastikfiguren, sogar Besteck. Die Objekte werden auf wetterfesten Nylonfaden oder grobe Schnur aufgefädelt.

▲ Ketten aus farblich abgestimmten Plastikperlen bilden einen schönen Kontrast zur Rinde der Birke und nehmen die Farbe des Gartenhauses im Hintergrund auf.

◄ Kinder jeden Alters basteln gerne Mobiles. Sorgen Sie für ausreichend Schnur, Nylonfaden, Perlen, Muscheln, Kiefernzapfen, Stöcke und anderes Material. Die fertigen Mobiles dürfen die Kinder selbst im Garten aufhängen.

▲ Ein futuristisch wirkendes Mobile aus CDs. Wenn sie sich im Wind bewegen, senden sie tanzende Lichtblitze durch den Garten.

▲ Die schimmernden Seeohren (Muscheln) haben von Natur aus Löcher, daher lassen sie sich leicht auffädeln. Wenn Sie die Schnüre an einem verwitterten Stück Treibholz aufhängen, entsteht ein sehr natürlich wirkendes Mobile mit maritimem Flair. Im Wind bewegt erzeugen die Muscheln ganz zarte Töne.

▶ Lange Schnüre mit Dekoperls glitzern im Sonnenlicht. Hier wurden jeweils zwei Perlen mit der Nylonschnur dazwischen zusammengeklebt. Am besten wirken sehr lange Schnüre, die man an einem sonnigen Platz aufhängt.

Gekaufte Dekorationen

Im Handel wird eine Vielzahl von Objekten angeboten, die man – Ideen und Kreativität vorausgesetzt – sehr zum Vorteil des Gartens verwenden kann. Wählen Sie mit großer Sorgfalt aus, denn die Dekorationsstücke dürfen nicht ablenken, sondern müssen sich ins Ambiente einfügen. Es gibt auch eine Reihe von Dekorationsstücken für die Wohnung, die man ebenso im Garten verwenden kann.

▲ Eine überraschende Alternative zu traditionellen Nistkästen: Mit lebendigen Farben und klaren Linien eine elegante Behausung für die Vögel.

▶ Dem Charme dieses Mutterschafes und seiner Lämmer, aus organischem Material vollendet gestaltet, kann man sich kaum entziehen – gerade Kinder sind dafür empfänglich. Skulpturen aus Naturmaterial passen hervorragend in jeden naturnah oder rustikal gestalteten Garten.

Schwärme von hölzernen Fischen schwimmen durch die Pflanzen dieser Rabatten.

Gartenwinkel für Kinder

Einen Gartenbereich nur für Kinder zu gestalten, ist äußerst schwierig, vor allem, wenn verschiedene Altersstufen und Interessen zu berücksichtigen sind. Dennoch lohnt es sich, einen Teil des Gartens mit einer wohlüberlegten Auswahl von kindgerechten Spielgeräten auszustatten. Wenn Kinder im Garten eine interessante, anspruchsvolle und gut gestaltete Spielfläche vorfinden, werden sie zufriedener spielen und sich wohler fühlen.

Dennoch muss ein speziell für Kinder bestimmter Garten mehr sein als eine Ansammlung von Spielgeräten. Mit nur wenig Aufwand können Sie die Einzelteile zu einer magischen Welt verweben, die viel mehr ist als die Summe ihrer Einzelteile.

In diesem Kapitel werden fünf Gärten für Kinder vorgestellt. Jeder davon erfüllt andere Sehnsüchte und Bedürfnisse. Sie alle sind nicht allzu groß und lassen sich in einem Familiengarten unterbringen.

Krokodil-Garten ► *Spieldeck für Kleinkinder* ► *Ein Dschungelcamp*
► *Gemüsegarten für Kinder* ► *Insel der Entspannung*

Krokodil-Garten

Dieser ehemalige Gemüsegarten wurde für Kinder im Alter von neun, sechs und vier Jahren umgestaltet. Er sollte jedem Kind etwas bieten: Requisiten für einfallsreiche Spiele, einen Bereich zum Austoben und einen Platz, an dem die Kinder essen und sich entspannen können. Jedes Kind hatte eine klare Vorstellung von „seinem" Garten. Wildtiere sollten angelockt werden, eine gemütliche Höhle und der Sandkasten waren obligatorisch. Ein Tümpel, in dem sich echte Nilpferde wälzen, war leider schwer zu verwirklichen, aber das Krokodil im Rasen wurde als Alternative akzeptiert. Vom übrigen Garten ist dieser Bereich durch ein lebendes Weidenspalier abgetrennt. So haben die Kinder ein eigenes, abgeschlossenes Reich und die Eltern können sie dennoch im Auge behalten.

▲ Da das Trampolin bündig mit der relativ weichen Rasenfläche eingesetzt wurde, bleiben Stürze ohne große Folgen.

▲ Ein herrlich knorriger Fliederbaum, der aus einem anderen Teil des Gartens stammt, wurde in Beton fixiert und mit Schwingseilen, farbigen Blumentöpfen, Vogelfutterstellen und Mobiles bestückt

▶ Der „Wächter des Gartens" wurde aus Schotter geformt, sorgfältig verdichtet, mit Erde bedeckt und mit Gras bepflanzt. Die Kinder sitzen darauf, springen von ihm herunter und reden sogar mit ihm. Das Krokodil wird zweimal wöchentlich gemäht und bei trockenem Wetter gut gewässert.

◂ Die zu einem Wigwam zusammengestellten Weiden-
ruten haben ausgetrieben und bilden nun eine grüne
Höhle. Der Boden aus Kakaoschalen ist wunderbar weich
und duftet nach Schokolade. Man braucht die Ruten nur in
den Boden zu stecken und zu wässern; bei mageren Böden
arbeitet man vorher etwas Kompost ein.

▾◂ In dieser gestreiften Hängematte, die zwei Kindern
Platz bietet, kann man herrlich entspannen, lesen oder
einfach in den Himmel schauen. Sie hängt zwischen zwei
einbetonierten Eisenbahnschwellen mit Totempfahl-
bemalung. Dank der niedrigen Stützen kann man leicht
ein- und aussteigen und ein Sturz tut nicht weh.

▾ Ein Gesicht für jedes Kind. Die Schwellen wurden mit
Acrylfarbe bemalt und mit wetterfestem Lack überstri-
chen. Die lustigen Gesichter machen die Stützen zum Blickfang, auch wenn sie nicht gebraucht werden.

◄ Selbst der kleinste Teich kann Frösche und Kröten anlocken. Die leuchtend gelben Blüten von Ranunculus lingua, der zwischen Kieseln im Flachwasser wächst, heben sich schön vom blauen Holzrahmen ab. Der Rahmen verdeckt den Beckenrand und trägt ein stabiles Eisengitter, das verhindert, dass Kinder ins Wasser fallen.

▼◄ Der rustikale Eichentisch nimmt die Form des Krokodils auf. Auf den stabilen Bänken, die an seinen Seiten befestigt sind, können mindestens zehn Kinder sitzen. Seine kräftige, robuste Bauweise nimmt raue Behandlung nicht übel. Tisch und Bänke wurden nach Maß von einem Schreiner gearbeitet.

▼ Am Baum hängt ein leuchtend orangefarbenes Stiefmütterchen in einem himmelblauen Topf, den die Kinder selbst bemalt haben.

und ▾ In dem großen Sandkasten gibt es kaum Streit über versehentlich zerstörte Sandburgen. Eine alte, blau gestrichene Tür dient als Sandabdeckung. Wenn die Kinder spielen, wird sie durch stabile Verankerungen in Position gehalten.

◂ Die rustikale Laube mit dem Krokodilstisch wird von einem außergewöhnlichen Fisch gekrönt.

Spieldeck für Kleinkinder

Für kleine Kinder geht es beim Spielen vor allem um den Spaß. Dabei lernen sie aber auch viel über das Leben, ihre Umwelt, die Materialien, die sie umgeben und über menschliche Beziehungen. Das gilt für den Garten wie für jeden anderen Spielplatz. Der hier vorgestellte Garten ist gedacht als anregende, einladende und praktische Spielwiese, die den Raum optimal ausnutzt.

Da Kleinkinder meistens auf dem Boden sitzen, wurde ein warmes Holzdeck gewählt. Wasserspiele und ein Sandkasten sind eingebaut, lassen sich aber abdecken, um den Raum gut zu nutzen. Der Garten soll alle Sinne ansprechen – Oberflächen, Geräusche und Düfte können erfahren, erkundet und genossen werden. Ein Dach und das Spielhaus schaffen abgeschlossene Räume. Die Dekorationselemente stammen von den Kindern selbst. Alles wurde an die Größe und Bedürfnisse von Kindern angepasst, die hier viele glückliche Stunden im Spiel verbringen.

▲ Unter einer beweglichen Abdeckung ist ein Sandkasten versteckt. Mit aufgelegter Abdeckung kann auf der Fläche gespielt werden. Wird Sand über den Kastenrand verstreut, kann man ihn leicht wieder zurückfegen.

▲ Das hübsche Spielhaus schafft einen gemütlichen abgeschlossenen Raum, in den sich kleine Kinder zurückziehen können. Wird das Haus nicht gebraucht, klappt man es an die Wand, so dass mehr Platz für andere Spiele bleibt.

▸ Unwiderstehlich sind die Pflanzen in diesem Garten. Man muss die fedrigen Gräser einfach anfassen, die weichen Blätter des Lavendels wollen gestreichelt und berochen werden und die glänzenden Lorbeerblätter zerrieben, damit sie ihr Aroma verströmen. Auch die runzligen Kohlblätter fühlen sich gut an. Die Pflanzen sollen die Sinne ansprechen, ebenso wie der leise im Wind raschelnde Bambus in der Ecke des Gartens.

▸ **Faltbares Spielhaus,** siehe Seite 28; **Blubbernder Springbrunnen,** siehe Seite 54

▸▸ Im Haus sind lautstarke Klangexperimente nicht immer erwünscht. Hier draußen stören sie kaum: Das Schlagwerk besteht aus Glocken, Kupferröhren und einem Triangel.

▲ Das dekorative blaue Quadrat bringt nicht nur Farbe und Struktur in den Garten, darunter verbirgt sich auch ein faszinierendes Wasserspiel. Wenn gewünscht, pumpt es herrliche Wasserstrahlen durch die Matten nach oben, in denen man wunderbar planschen und spielen kann.

▲ Dieser Bereich ist ganz dem Tastsinn vorbehalten. Die Kinder können mit den natürlichen Materialien – wie Muscheln, Kiesel, Zapfen, Kristalle und getrocknete Zierkürbisse – spielen, sie hübsch anordnen, untersuchen und sortieren. Gelegentlich sollte man den Inhalt der Kiste auswechseln, um neue Anreize zu bieten.

◂ Das stabile Gerüst der Schaukel ist aus ähnlichem Holz gebaut wie das Deck. Die Pfosten wurden in Fertigbeton eingesetzt.

▲ Die robuste, schlicht geformte Bank kann als Sitz oder Tisch genutzt werden. Auf dem Spieldeck sind zwei dieser Bänke in einer Ecke unter einem schattigen Baldachin untergebracht.

▶ ▲ Mit ein paar Farbklecksen lässt sich eine einfache Tafel in ein dekoratives Zierelement verwandeln.

▶ Verschiedene leuchtend bunte dekorative Elemente, die von den Kindern selbst gemacht wurden, geben dem Spieldeck eine sehr persönliche Note. Ein großer Spaß ist das Fußabdruckbild: Spachtelmasse wird auf ein rechteckiges Brett aufgebracht, und solange sie noch weich ist, drücken die Kinder ihre Füße hinein. Nach dem Trocknen wird sie mit Acrylfarbe bemalt.

▲◄ *Zierkohl in rosa Töpfen sorgt für kräftige Farbakzente. Interessant für die Kinder sind auch die fleischigen, faltigen und ledrigen Blätter.*

▲ *Diese attraktive Pflanzengruppe soll die Sinne ansprechen. Lavendel hat samtige Blätter und einen angenehmen Duft, die spröden, glänzenden Lorbeerblätter riechen aromatisch, wenn man sie zerreibt.*

◄ *Die Gräser fühlen sich weich an, nehmen aber ruppige Behandlung nicht übel.*

Ein Dschungel-camp

Diese Basis für Dschungelabenteuer, komplett mit eigenem Sumpf, wurde für zwei Jungen im Alter von neun und sechs Jahren entworfen. Das Haus, in dem sie schon als Kleinkinder Partys gefeiert hatten, interessierte sie nicht mehr. Inzwischen bildet es wieder den Mittelpunkt ihres Gartens.

Hier kann man sich entspannen, mit Freunden zusammensitzen und seinen kreativen Talenten freien Lauf lassen. Der kleine Teich zieht wild lebende Tiere an und in einem Sumpf gibt es Fleisch fressende Pflanzen zu bestaunen. Bei der Umgestaltung bekam das Haus einen neuen Anstrich, Vorhänge und ein schattiges Tarnzelt als Vorbau. Hinter einer großen Kletterspinne bleibt ein abgeschlossener Raum ganz unberührt, abgesehen von einer Bodenbedeckung aus Rindenmulch und ein paar Holzstämmen – ein Ort, um sich zu verstecken, Gespräche zu führen oder einfach im Boden zu wühlen.

◄ *In dem abgeschlossenen Raum, der von Schilfmatten umgeben ist, kann man wunderbar ausruhen. Die Hängematte überspannt ein kleines Moor. Dazu wurde ein Loch gegraben, mit Teichfolie ausgekleidet und die Erde wieder eingefüllt. Da die Fläche gut gewässert wird, gedeihen hier der großblättrige* Rheum palmatum, Carex pendula *und Fleisch fressende Pflanzen. Die Holztritte gewährleisten den sicheren Zugang zum Sumpf.*

▾◄◄ *und* ▾◄ *In das Moor wurden* Sarracenia × mitchelliana *mit leuchtend roten Kannen und Venusfliegenfallen (*Dionaea muscipula*) gepflanzt. Fleisch fressende Pflanzen brauchen sehr viel Regenwasser; sie werden von den Kindern selbst eifrig gegossen.*

▾ *In die Kanne einer* Sarracenia *zu schauen, ist eklig und daher auch fesselnd. Die gefangenen Fliegen versuchen vergeblich, aus der Falle zu entfliehen, in der sich die Reste verdauter Insekten angesammelt haben – ein makabres Schauspiel, mit dem man auch seine Freunde beeindrucken kann.*

▶ *Eine Holzplatte, die mit Scharnieren am Haus befestigt ist und an einer farbigen Kordel hängt, gibt einen einfachen Tisch ab. Hier kann man spielen oder seine Hausaufgaben machen.*

▼▶ *Im hochgeklappten Zustand wird der Tisch als Tafel genutzt.*

▼ *Als besonderer Gag marschiert eine Kolonne von aufgestempelten Blattschneiderameisen über die Hauswand.*

◄ Dieser kleine, von Balken eingefasste Teich besteht einfach aus einer in den Boden versenkten Plastikkiste. Dennoch lockt er Frösche und Insekten an, und es gibt immer etwas Interessantes zum Beobachten. Die Palme (Phoenix canariensis) im Blumentopf mit Leopardenmuster nimmt das Dschungelmotiv auf.

▼ Ein Teil des Gartens wird vom Familiengarten durch ein Furcht erregendes Spinnennetz mit Strickleiter und dichte Sträucher abgeschirmt. Der Winkel wurde nicht bearbeitet und wird von den Kindern nach Lust und Laune genutzt; auf Rindenmulch liegen nur ein paar Stämme als Sitzgelegenheiten. Das Netz dient zum Klettern und für Fantasiespiele. Mit seinem natürlichen Aussehen passt es hervorragend zum Dschungelgarten.

▶ **Kletterspinne,** *siehe Seite 14*

Diese Blumentöpfe mit Tierfellmustern sorgen für Farbe und gute Laune. Die Töpfe wurden sehr sorgfältig mit Acrylfarben bemalt und mit Gräsern bepflanzt, die zu den Mustern passen. Töpfe dieser Art sind im ganzen Garten verteilt, um das Dschungelthema zu betonen – Zebra, Giraffe, Tiger und Leopard sind vertreten.

Gemüsegarten für Kinder

Die beiden Kinder, sieben und fünf Jahre alt, wünschten sich einen Obst- und Gemüsegarten neben ihrem Spielhaus. Um den Platz optimal zu nutzen und attraktiv zu gestalten, wurden vier kleine, bunte Hochbeete mit einem Weg aus knirschenden Muscheln angelegt. An einer Pyramide in der Mitte klettern Pflanzen empor; wenn sie einmal ganz zugewachsen ist, kann man sie als kleine Höhle mit vier Sitzen an den Beetecken nutzen.

Natürlich brauchen die Kinder Hilfe bei der Gartenarbeit, aber sie können doch erstaunlich viel selbst übernehmen und sind mit viel Geschick und Freude bei der Sache. Die Ernte aus dem kleinen Gärtchen fällt überraschend üppig aus und liefert reichlich für die Küche und zum Verschenken. Wenn man die Obst-, Gemüse- und Blumensorten geschickt auswählt, ist der kleine Nutzgarten eine hübsche Ergänzung zum Familiengarten, und es gibt immer etwas zu ernten.

▲ Die Hochbeete bestehen aus je vier Holzbrettern, die zu einem Quadrat zusammengeschraubt wurden. Um den Wasserabfluss zu verbessern, wird das Gras abgestochen und der Boden gelockert. Die blaue Farbe passt gut zum nebenan stehenden Spielhaus. Die Beete sind von allen Seiten leicht zugänglich.

◄ Die Beete sind mit einer Mischung aus Gartenerde und Kompost gefüllt. Eine Lage Folie auf den Wegen unterdrückt das Unkraut; darauf kommt eine Schicht aus Muschelschalen. Die Pyramide besteht aus Eisenstäben, die mit Farbe eingesprüht und oben mit Draht zusammengebunden wurden. An den Beetecken ist jeweils ein kleiner Sitz aufgeschraubt.

▼ Es macht Spaß, mit knirschenden Schritten auf den Muschelschalen die Wege entlangzugehen. Außerdem sollen sie die Schnecken abhalten.

▲ Die jungen Gemüsepflanzen müssen regelmäßig gegossen werden. Dies gehört zu den Arbeiten, die Kinder besonders gern übernehmen.

◄ Damit die Kinder rasche Erfolge sehen, wurden einige Setzlinge gekauft, während andere Pflanzen aus Samen gezogen werden. Anders als in traditionellen Gärten stehen die Pflanzen nicht in Reihen, sondern in Gruppen. Hier wächst Spinat neben Roter Bete.

◄ *An der Pyramide in der Mitte ranken die reich tragenden Triebe von Stangenbohnen, Zuckererbsen und Erbsen empor. Unter ihrem schattigen Blätterdach können sich die jungen Gärtner auf den dreieckigen Sitzen ausruhen, die in den Ecken der Beete angebracht sind. Der Garten steht hier in voller Pracht, Zucchini, Petersilie, Salat, Rhabarber und Spinat wachsen dicht an dicht.*

▼ *Die Rote Bete wird geerntet. Wurzelgemüse auszugraben, ist immer eine spannende Angelegenheit, denn man weiß nie, was unter der Erde wartet.*

► *Dieser prachtvolle Rotkohl wird nicht nur vorzüglich schmecken, er ist mit seinen roten Adern auch ein Augenschmaus. Die Farbe der Blätter, die es mit jeder Zierpflanze aufnehmen können, setzt sich schön gegen die Beetumrahmung ab.*

144 *Gartenwinkel für Kinder*

▲ Im Spätsommer blühen die hübschen Zwergsonnen-
blumen, wo vorher die Salatköpfe wuchsen. Blumen im
Gemüsebeet sehen nicht nur gut aus, sie sind auch nütz-
lich, denn sie locken viele Insekten an, wie etwa Schweb-
fliegen, die sich von Pflanzenschädlingen, zum Beispiel
Blattläusen, ernähren. Die bescheidene Ringelblume ist
eine ausgezeichnete Begleitpflanze.

▲ Die Ernte ist der Lohn der Mühe. Man kann das Gemüse nach Bedarf ernten, aber
im günstigen Falle wird immer mehr wachsen als gebraucht wird. Dieser mehrjäh-
rige Spinat liefert die ganze Saison über Blätter für Salat und Gemüse.

◀ Ein Korb mit frischen Erträgen für die nächste Familienmahlzeit.

Gemüsegarten für Kinder **145**

Insel der Entspannung

Ein halb verfallenes Gartenhaus wurde wieder zum Mittelpunkt einer Entspannungsinsel für größere Kinder. Mit zunehmendem Alter haben Bewegungsspiele wie Fußball oder Rollerskates noch immer ihren Platz, es wird aber mehr Zeit mit Freunden verbracht, um zu reden, oder mit ruhigen Beschäftigungen.

Pflege ist kaum nötig, die Gestaltung ist kindgerecht, aber nicht kindisch. Auf der großen Rasenfläche kann man spielen, der Bereich des Hauses dient vor allem der Erholung. Es gibt Sitz- und Essplätze, die Kinder können faulenzen und schaukeln und sich auf ein Holzdeck zurückziehen. Das Haus bietet Schutz und Stauraum.

Die Bepflanzung wird von immergrünen Gräsern dominiert; sie brechen die klaren Linien des Gartens. Als Farben herrschen starke Blau- und Gelbtöne vor; sie verleihen der Entspannungsinsel eine eigene Identität.

▲ Stabile Pfosten und ein Dach aus Drachenstoff bilden den Übergang zwischen dem
Gartenhaus und der Rasenfläche davor. Die
vier Pfosten sind in Fertigbeton verankert
und tragen auch die langen Schaukelbänke
an beiden Seiten. Jeder Pfosten wurde mit
zwei Farben gestrichen, so entstehen interessante Farbeffekte.

▶ Dieses Mobile aus spiegelnden CDs bringt
lebhaft blitzende Lichteffekte in den Garten.
Die CDs wurden mit Draht verbunden und mit
Wäscheklammern aufgehängt – ein neuarti-
ges und sehr preiswertes Dekorations-
material.

◄ Etwas abseits liegt dieses sonnengelbe Holzdeck als Rückzugsort. Es wird von einem Baum beschattet und ist von immergrünen Gräsern und gelben Blumen umgeben. Holz ist ein warmes, angenehmes Material – zum Sitzen brauchen die Kinder nur ein paar Kissen.

▼ ◄ Schaukeln ist sehr entspannend. Auf dieser zwei Meter langen Schaukelbank kann man zusammen mit seinen Freunden sitzen. Sie ist mit Seilen an starken Haken an den Pfosten aufgehängt; das Seil wurde durch Löcher in den Ecken des Brettes geführt und darunter verknotet. Der Baldachin vermittelt ein Gefühl der Geborgenheit.

▼ Glasierte Keramikkrüge, bepflanzt mit glänzender Carex 'Frosted Curls', stehen wie Wachposten an beiden Seiten des großen Baldachins.

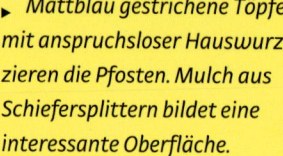

Die preiswerten, mit Fassadenfarbe gestrichenen Steinplatten sind nicht nur dekorativ, man kann sie sogar als Brettspiele benutzen. Da sie bündig mit dem Boden abschließen, mäht man einfach darüber hinweg. Hier sind es ein Schachbrett, Tic-Tac-Toe und ein Murmelspiel; der Fantasie sind keine Grenzen gesetzt.

Mattblau gestrichene Töpfe mit anspruchsloser Hauswurz zieren die Pfosten. Mulch aus Schiefersplittern bildet eine interessante Oberfläche.

▲ Die fröhlich gestreifte Hängematte unter dem leicht im Wind bewegten Baldachin ist ein wunderbarer Platz zum Ausruhen. Um den kleineren der beiden Stützpfosten windet sich ein dunkelblau gestrichenes, schraubenförmig gebogenes Moniereisen, an dem die Schwarzäugige Susanne (Thunbergia alata) emporklettert.

▸ Für die Gestaltung der Spielbretter sind keine besonderen Vorbereitungen nötig. Zeichnen Sie einfach das Muster auf die Steinplatte und malen Sie es mit der gewünschten Farbe nach.

Sicherheit

Kleine Beulen und Schrammen gehören zur Kindheit – sie zeugen von den Versuchen, die Welt zu verstehen und die eigenen Möglichkeiten auszutesten; sie sind die Trophäen von kindlichem Optimismus und Enthusiasmus. Im Garten haben Kinder besonders viel Gelegenheit, ihre Fähigkeiten zu erproben. Leider verunglücken aber noch immer zu viele Kinder im häuslichen Garten.

Daher gilt es, einen vernünftigen Kompromiss zu finden zwischen einerseits dem Wunsch nach einer anregenden, herausfordernden und unterhaltsamen Umgebung, in der die Kinder lernen, sich angemessen vorsichtig zu verhalten, und andererseits dem Bedürfnis nach Sicherheit. Zu allem Überfluss ändern sich die Rahmenbedingungen ständig: Was für einen Zweijährigen äußerst gefährlich sein kann, spielt im Alter von fünf Jahren keine Rolle mehr, und noch ältere Kinder könnten sich sogar von allzu restriktiven Sicherheitsvorkehrungen abschrecken lassen. Auf alle Fälle sollten alle potenziellen Gefahrenquellen beseitigt werden.

Je sicherer Sie den Spielplatz für Ihr Kind gestalten, desto mehr Freiheiten dürfen Sie ihm lassen. Es lohnt sich, die Risiken immer wieder gründlich abzuschätzen. Die vielleicht größte Gefahr geht von der Sonne aus. Wenn Ihre Kinder lange Zeit im Freien spielen, vergessen Sie nicht die Sonnencreme, auch bei bedecktem Himmel. Natürlich können Sie auch ein Sonnensegel errichten, das geht einfach und Ihr Garten bekommt einen zusätzlichen attraktiven Farbklecks.

Sonnensegel ▸ Oberflächen ▸ Wasser ▸ Pflanzen ▸ Andere Gefahren

Dieses elegante, frei stehende Sonnensegel spendet an jeder gewünschten Stelle des Gartens den begehrten Schatten – ob Sandkasten, Planschbecken oder Essplatz. Steht es auf einer besonnten Wiese, ziehen die Kinder sich ganz von allein in seinen Schatten zurück. Wenn Sie das Sonnensegel aufgestellt haben, wird an jedem Pfosten ein Spannseil befestigt. Wickeln Sie es um den Knauf und verankern Sie es im Boden. Achten Sie darauf, die Heringe tief in den Boden zu stecken, und verwenden Sie gut sichtbare Seile.

Sonnensegel

Material
4 große Terrakottatöpfe
grüne Fassadenfarbe
4 Holzpfosten, 2,25 m hoch
Acryl- oder Holzfarbe
Fertigbeton
2 große Rechtecke aus dichtem
   Stoff
Garn
4 Messinghaken
4 Gardinenringe aus Messing

1 Streichen Sie die Töpfe mit grüner Fassadenfarbe und die Pfosten mit dazu passender Acryl- oder Holzfarbe. Zweifarbig gestrichene Pfosten sehen interessanter aus.

2 Stellen Sie in jeden Topf einen Pfosten und füllen Sie mit Fertigbeton auf. Richten Sie die Pfosten mit der Wasserwaage senkrecht aus; lassen Sie oben genügend Platz, um die Töpfe zu bepflanzen.

3 Wenn der Beton getrocknet ist, bekommt jeder Pfosten einen Knauf. Nähen Sie die beiden Stoffstücke auf links zusammen bis auf eine 15 cm lange Lücke in der Naht, dann auf rechts drehen und die Naht von Hand schließen.

4 Schrauben Sie jeweils 15 cm unter dem Pfostenende einen Messing-haken ein. Nähen Sie an die kurzen Seiten des Baldachins links und rechts je einen Gardinenring in 20 cm Abstand von der Ecke. Haken Sie das Segel an die Pfosten und bepflanzen Sie die Töpfe.

Oberflächen

Die Wahl des Bodenmaterials hat großen Einfluss auf die Sicherheit des Spielplatzes. Elastische Oberflächen wie Gras oder offener Boden verringern das Verletzungsrisiko. Noch sicherer ist eine dicke Schicht Mulch oder spezielle Spielmatten aus Kunststoff, die man auf einen stoßdämpfenden Unterbau legen kann. Spielgeräte sollten niemals auf Beton, Asphalt, Stein oder anderen harten Oberflächen aufgestellt werden.

Dieses hübsche Metallgitter sichert eine Wasserfläche. Mit seiner wellenförmigen Struktur und den Seerosenblättern ist es sogar ein Gewinn für die Gesamtwirkung des Teiches.

Solche Spielmatten aus Kunststoff sind farbenfroh, dauerhaft, rutschfest und stoßdämpfend. Man erhält sie als quadratische Elemente in verschiedenen leuchtenden Farben; da sie biegsam sind, können sie auch auf geneigten Flächen ausgelegt werden.

Wasser

Kleine Kinder werden von Wasserflächen magisch angezogen. Denken Sie daran, dass ein Kind schon in 5 cm tiefem Wasser ertrinken kann! Besonders gefährdet sind Ein- bis Zweijährige, die bereits laufen können, aber noch unsicher sind. Es gibt einige einfache Sicherheitsvorkehrungen: Gefäße, in denen sich Regenwasser ansammeln kann, sollten grundsätzlich nicht im Garten herumstehen. Sichern Sie Wassertonnen und Kübel und leeren Sie Planschbecken grundsätzlich aus. Gartenteiche müssen abgesichert werden. Legen Sie ein stabiles Metallgitter über den gesamten Teich und prüfen Sie regelmäßig, ob es noch stabil ist. Maschendraht reicht nicht aus, er würde unter dem Gewicht eines Kindes nachgeben. Häufig werden Teiche eingezäunt; denken Sie aber daran, dass man Zäune überklettern kann und dass Türen immer verschlossen bleiben müssen.

Pflanzen

Manche Pflanzen sind für Kinder sehr verlockend: Die roten Beeren des Nachtschattens sehen aus wie Bonbons, die Samen des Goldregens wie kleine Erbsen. Beide sind jedoch äußerst giftig. Andere Giftpflanzen wirken nicht so attraktiv und sind daher weniger gefährlich. Zum Glück kommt es nur selten zu Vergiftungen durch Pflanzen.

Pflanzen können auch anderweitig gefährlich werden: Manche bilden Stoffe, die bei Kontakt mit der Pflanze oder dem Saft Allergien auslösen (z. B. Wolfsmilch), andere haben gefährliche Stacheln, Dornen oder spitze Blätter.

Verbieten Sie kleinen Kindern, etwas aus dem Garten zu essen – es sei denn, Sie erlauben es ausdrücklich. Noch besser ist es, problematische Pflanzen zu entfernen. Listen von Giftpflanzen sind überall erhältlich; im Rahmen dieses Buches fehlt der Platz für eine solche Liste.

Rizinus (Ricinus communis) *hat eine stark reizende Wirkung; aus den Zweigen und Blättern der Wolfsmilch* (Euphorbia myrsinites) *tritt bei Verletzung ein aggressiver Milchsaft aus.*

Andere Gefahren

Kinder sind sehr neugierig – ständig wollen sie alles erkunden und ausprobieren, was sie finden. Daher gelten im Garten einige allgemeine Sicherheitsregeln: Lassen Sie nie Werkzeuge oder elektrische Geräte herumliegen. Schließen Sie alle Pestizide, Fungizide und andere Chemikalien weg oder verzichten Sie völlig darauf. Achten Sie darauf, dass die Weiterentwicklung ihrer Kinder zu neuen Gefahren führen kann; wenn beispielsweise das Baby zu krabbeln beginnt, müssen Treppenstufen gesichert werden. Denken Sie auch an vorübergehende Gefahrenquellen, beispielsweise Bambusstäbe im Beet, an denen sich ein Kind verletzen könnte; Stäbe mit kugeligen Aufsätzen sind sicherer. Schließlich darf eine Gefährdung nicht vergessen werden: Sorgen Sie immer für Sonnencreme, Sonnenhüte und, wann immer möglich, für Schatten.

Ein elegantes Gittertor sichert die steile Terrassentreppe.

Register

Danksagungen

Wir danken folgenden Firmen und Personen für ihre Beiträge zu diesem Buch:

Stahlgitter – Goodman Steel (0118) 9561212

Glas, Muscheln und farbiger Kies – Specialist Aggregates (01785) 665554

Fleisch fressende Pflanzen – South West Carnivorous Plants (01884) 841549

Haltegriffe, Kletterwand – Enterprise (UK) Ltd. (01282) 444800

Kunststoffmatten – Matta products (01932) 788699

Seil – Footrope Knots (01473) 690090

Knotendesign für die Kletterspinne – Des Pawson von Footrope Knots

Krokodilbank – Lusty Garden Furniture (01547) 560225

Pedro Vogelhaus (S. 118) – Paul Hervey Decorative Products (01590) 645629

Lammskulptur aus Weidengeflecht (S. 118) bei Nyewood House, Hampshire

Holzfische (S. 119) aus dem Garten von David und Marie Chase, Hampshire

Teichabdeckung (S. 156) entworfen von Robin Templar-Williams

Terrasse (S. 157) entworfen von Sarah Layton

Danksagungen der Autorin

Dieses Buch verdankt seine Entstehung meiner ganz persönlichen Leidenschaft, wäre aber ohne die harte Arbeit, Hilfe und ermutigenden Worte anderer nicht möglich gewesen; ihnen möchte ich herzlich danken.

Mein Dank gilt:

Meinen Kindern Harriet, Nancy und Joshua, denen ich die Inspiration für dieses Buch verdanke, für ihre Begeisterung, Aufrichtigkeit, Geduld und Mitarbeit während des gesamten Projektes; ohne sie wäre das Buch nicht möglich gewesen;

den Familien Hicks, Maitland und James, in deren Gärten ich die Gartenparadiese für Kinder gestalten durfte; sie ließen mir die Freiheit, etwas Ungewöhnliches zu schaffen. Ich danke ihnen für ihre unerschütterliche Begeisterung, praktische Hilfe und gute Freundschaft;

meinen Eltern Ruth und Geoffrey Smee für ihre Unterstützung, Ermutigung, unermüdliche praktische Hilfe (von Zement mischen bis Kuchen backen) und ihre stete Bereitschaft, jederzeit helfend einzuspringen;

Clive Nichols, der mich ermuntert hat, dieses Projekt durchzuführen, für seinen Enthusiasmus, seine stets gute Laune und natürlich für die großartigen Fotos;

Joanna Smith für ihr Vertrauen in dieses Projekt, für ihre Beratung und große Sorgfalt bei der Gestaltung und Herausgabe des Buches;

Janet James für ihre Geduld und ihren souveränen Umgang mit den Abgabeterminen beim Tippen des Manuskriptes;

Steve Daley und Craig Hunt für ihre Hilfsbereitschaft;

Hazel, Robert, Molly, Florence, Steven, Daniel, Connie, Ollie, Andy, Shana, Jasmine, William, George, Lucy, Jessica, Hannah und Anna-Nyun Forbang (Seiten 8, 64, 158 und 159), die auf den Fotos im Buch erscheinen;

und schließlich David, wie immer, für alles.